职业教育二维码互动类会计丛书

收 银 实 务

丛书主编　林冬梅

主　　编　王　宏　王喜艳

副主编　辛　悦　曹　晶　王晓岩

电子工业出版社
Publishing House of Electronics Industry
北京·BEIJING

内 容 简 介

本书从专业的角度阐述收银工作应具备的商品知识、服务知识、收银系统相关硬件设备使用的知识、礼仪知识、相关法律知识，紧密结合我国教育改革与发展的需要，满足工学结合的需求，实现教学与工作岗位的零距离对接，突出其"专"和"职"的特点。本书编写"以学习对象为教学主体，以理论学习为基础，以能力培养为中心，以实践应用为目标，力求做到理论联系实际，能够用所学理论知识分析、解决实际问题"。

本书以项目为导向，共设计 8 个项目，项目下划分若干任务，以任务实施为核心合理安排内容。在任务前首先明确项目总体目标，包括知识目标、能力目标和素质目标，其次通过引导案例引出任务。本书设置了提问、资料库、项目精要、项目训练及上岗一试等栏目，能够让学习者直观感受到相应理论的具体内涵，能够以工作任务为中心整合相应的知识和技能，实现理实一体化。

本书可作为职业院校教学用书，也可作为岗前培训用书，还可作为收银岗位学习的参考用书及自学用书。

图书在版编目（CIP）数据

收银实务 / 王宏，王喜艳主编. —北京：电子工业出版社，2022.7
ISBN 978-7-121-43906-3

Ⅰ．①收…　Ⅱ．①王…　②王…　Ⅲ．①商业服务－职业教育－教材　Ⅳ．①F719.0

中国版本图书馆 CIP 数据核字（2022）第 118219 号

责任编辑：徐　玲
印　　刷：三河市良远印务有限公司
装　　订：三河市良远印务有限公司
出版发行：电子工业出版社
　　　　　北京市海淀区万寿路 173 信箱　　邮编 100036
开　　本：880×1 230　1/16　印张：12　字数：275 千字
版　　次：2022 年 7 月第 1 版
印　　次：2022 年 7 月第 1 次印刷
定　　价：32.00 元

凡所购买电子工业出版社图书有缺损问题，请向购买书店调换。若书店售缺，请与本社发行部联系，联系及邮购电话：（010）88254888，88258888。

质量投诉请发邮件至 zlts@phei.com.cn，盗版侵权举报请发邮件至 dbqq@phei.com.cn。

本书咨询联系方式：xuling@phei.com.cn。

前　言

　　根据教育部"1+X"证书制度的相关要求，收银实务职业技能是财经商贸类专业学生必备的基本功，也是职业院校人才培养方案的必备内容之一。本书按照职业教育以培养学生职业技能、职业道德、职业意识和职业转换能力为目标，通过对收银职业定位、职业技能、礼仪规范等相关业务处理的描述、解读，全面、系统地阐述收银职业能力的知识及其在商业经营领域中的应用。

　　本书设置了项目总体目标、引导案例、提问、资料库、项目精要、项目训练及上岗一试等栏目，以适应教师精讲、学生参与、师生互动、提高技能的新型教学理念和方法。本书紧密结合收银方式的转变，更契合"互联网+"背景下的多种收费模式。

1. 体现职教特色，有利于培养学生的职业能力

　　本书结合教育部新一轮教学改革的要求，贯彻"以服务为宗旨、以就业为导向、以能力为本位"的教学指导思想，加强课程内容的综合化和模块化；紧紧围绕收银岗位的工作需求，采取理论与实践相结合的方式，让学生学会并掌握收银工作岗位技能和流程操作，全面培养学生的综合素质和职业能力，提高其就业与创业能力。

2. 理论与实务并重，有利于缩短适应岗位的时间

　　本书内容组织注重实务操作，以收银操作和岗位技能为重点，突出实用性和针对性，让学生在"学中做、做中学"，使其真正掌握收银工作的操作流程和岗位技能，从而全面提高学生解决收银业务实际问题的能力，能够做到教、学、做一体化。同时也有助于建立以专业能力、方法能力和社会能力的培养为目标的人才培养模式，为会计工作岗位轮换制度的实施和业务往来打下良好基础。

3. 编排图文并茂，有利于增强感性认识

　　本书编排图文并茂，直观易懂，趣味性和可读性强，既可激发学生的学习兴趣，又方便在职收银员自学使用。本书配有微课教学，扫描二维码即可观看。本书实现教学与工作岗位的零距离对接，突出其"专"和"职"的特点，有助于以工作任务为导向的教学设计方案的实施。

4. 知识结构组织严密，有利于广泛应用

　　本书不仅适合各类职业院校财经商贸类专业学生使用，还适用于其他院校及会计自学者，以及商业服务机构从事银钱（现钞、支票、银行卡等）结算服务的工作人员，也可供培训会计从业人员使用。本书有助于学习者弥补社会实践经验的不足，使其尽快融入以企业经济活动为核心的会计环境当中。

　　本书建议课时数为 60 课时。具体学时分配如下：

课 程 内 容	理 论 课 时	实 践 课 时
项目一 收银工作认知	4	2
项目二 透视收银工作环境	4	2
项目三 开启收银业务操作	4	4
项目四 收银员基本技能	6	8
项目五 收银服务规范	6	2
项目六 收银工作管理	6	
项目七 收银工作内部控制	4	2
项目八 收银相关业务处理	4	2
总课时（60课时）	38	22

　　本书由吉林省经济管理干部学院王宏拟定编写体例和编写原则，并负责统筹。林冬梅任丛书主编。王宏、王喜艳任主编，辛悦、曹晶、王晓岩任副主编，郝雷、魏爽、马新亚参编。具体分工如下：项目一由吉林省经济管理干部学院辛悦编写；项目二由吉林省通化市职业教育中心王晓岩、吉林省经济管理干部学院魏爽编写；项目四由吉林省经济管理干部学院王宏、郝雷编写；项目五由吉林省通化市职业教育中心王喜艳、马新亚编写；项目七由吉林省经济管理干部学院曹晶编写；项目三、项目六、项目八由王宏编写。微课由王晓岩、王宏录制。

　　本书在编写过程中，编者通过总结多年的教学经验及亲历的实际工作过程，通过对收银工作岗位能力和典型工作任务的分析，结合教育教学对象的特点，参考了大量的专家、学者的研究成果和资料，恕不一一列举，借此机会向相关专家、学者表示衷心的感谢，同时对在本书编写过程中给予大力支持的领导、同人表示感谢。

　　本书难免存在疏漏和不足之处，恳请各位同人、读者不吝赐教，以使本书渐臻完善。

　　特别声明，本书所采用的企业、人员和各种凭证均属虚构。

编　者

目　录

项目一

收银工作认知

项目总体目标

知识目标：1. 掌握收银的常识

2. 了解收银工作的性质

3. 掌握收银员基本职业素质要求

能力目标：1. 掌握收银岗位基本职责

2. 能够做好收银服务基本要求

素质目标：提升整体素质，做到爱岗敬业、诚实守信

引导案例

目前，我国就业形势十分严峻，掌握娴熟的技能有助于求职者顺利通过面试，获得满意的工作。钱程是某高职院校财会专业的学生，毕业后想到某市一家世界五百强的超市应聘收银员的工作。收银工作内容具体有哪些？如何成为一名合格的收银员？这是应聘者即将面临的问题。为了顺利通过面试，钱程需要提前做好哪些准备工作？

任务一 从专业角度解读收银工作

一、了解收银工作起源

在商品经济社会，货币成为交换的手段，任何经济组织的经济活动都毫无例外地要通过货币资金的收付结算来完成。收银作为一项商业活动，是随着商品与货币的出现而逐渐产生的，并随着商业活动的发展而发展的。当人们在商场购买商品时，需要支付货款，商场销售商品，则要收取货款。在商业活动中，这个收取货款的过程就是最早的收银活动的雏形。随着商品货币经济的发展，商品交换的规模越来越大，为了加强经营管理，就必须实行较为细致的商业分工，这时专门负责收取钱币的人员出现了，并且店内设立了钱柜和货柜两种柜台，实行钱货分开管理。钱柜专门负责收取银钱。在今天看来，银框就是当时的收银台，钱柜的伙计就是当时的收银员。这样，收银工作就慢慢发展成为商业活动中的一项专门的工作了。

我国从宋朝时就以白银作为主要货币，一直流通至 20 世纪 30 年代，所以后来人们仍习惯把收取钱款称作收银。但是，随着社会、货币经济的发展及货币形式的变化，"收银"一词的内涵变得更加丰富。随着我国社会主义市场经济的日益繁荣，人们从事商业活动的规模和范围不断扩大，货币流通速度逐步加快，支付手段已不再是单一的现金货币，出现了携带和使用极为方便的各种银行信用卡等电子货币。收银工作方式也不再是传统的手工操作，取而代之的是现代化、高效率的电子收银机操作。银行信用卡和电子收银机的使用，不但大大加快了流通领域的货币流通速度，而且使人类的生产活动和商业活动变得更加方便快捷，更加现代化。

二、掌握收银的常识

（一）收银员的含义

"收银"一词中的"银"是指货币，而在日常生活中人们又往往把货币称作钱、款，所以，收银即收款，通俗地说就是收钱。收银员有广义和狭义之分。广义的收银员包括收银员、总收款室人员、收银主管、收银班（组）长、收银监管主管和收银监察员等所有从事有关收银工作的人员。狭义的收银员仅指在各收银台从事收款工作的人员。本书所讲的是狭义的收银员。

收银员是指在商品零售企业从事面向顾客收取现金、支票等各种金融支付卡等，并为顾客开具发票，同时核算销售收入的工作人员。从性质上来说，收银员是财务部门的出纳岗位派往营业第一线收取货币资金的人员。收银员与财务部门的专职出纳人员有很多相同之处。收银员的主要工作是办理货币资金和有价证券的收入，同时保证自己经手的货币资金和有价证券安全与完整。收银员也要填制和审核许多原始凭证，并且直接和货币打交道。因此，收银员除了要有过硬的出纳业务知识和技能，还必须具备良好的财经纪律素质和职业道德修养。收银员与专职出纳人员的不同之处是，收银员一般工作在商业活动的第一线，各种货币资金的收入通常是由他们交给专职出纳人员的。另外，收银员的工作过程是收入、保管、核对和上交，不负责货币资金的支付，不专门设置账户进行核算，所以收银员只能说是会计机构的派出人员，而不是出纳人员。

提问 1-1

收银员和出纳人员的区别

收银员与出纳人员的工作性质及工作内容均有不同。收银员负责对日常现金业务的收取，主要进行单笔销售收入的核实。出纳人员要求收取现金，并且支付现金，进行日记账的登记与核算，同时出纳人员还要处理银行相关业务等诸多事项。其中收银员与出纳人员本质的区别在于，收银员并不属于会计岗位，一般上岗前不需要有相应的资格证书。而出纳人员岗位专业性强，以取得初级会计师证的从业人员优先考虑，并更看重从业人员的工作经验。

（二）收银员的岗位职责

由于收银工作的特殊性，对收银员工作的准确率要求极高，收银工作主要包括以下五项。

收银员的岗位职责

1. 收银设备的日常管理与用前调试

日常工作中，要做好收银设备的清洁、维护等管理工作。每天开业以前，进行收款前的设备调试与检测：检查电子收银机各部分线路是否连通，外用设备是否正常连接；分别打开 UPS 电源开关、收银机外显示器、主机电源，确保一切收银工作设备的正常运转。然后，以良好的精神面貌进入待机工作状态。

2. 现金、支票等营业资金的收取与上缴

根据顾客交来的、核对无误的销售凭证进行收款操作（超市收银员凭顾客选购的商品进行扫描操作），正确办理现金、支票、银行信用卡、优惠券等各项资金及有价证券的收款业务，并要做到收款及时、清点准确、一丝不苟。每天下班时将所收资金核对准确，及时上缴。

3. 资金、发票及印章的管理与保护

保护所收资金和所用发票、印章的安全与完整。资金、发票和印章事关企业的利益，工作中应加强管理，不得随处乱放。所收款项及时分类放入钱箱，发票、印章放在规定的位置；一旦临时离开收银台，应将资金、发票、印章分别锁好，严防丢失、被盗和损毁。

4. 零用现金及办公用品的领取与管理

收银员每天于营业前检查所需零钱、发票及办公用品是否够用，所需物品要及时领取。零币不够时及时找班（组）长兑换；发票用完时到总收款室登记，在发票领用登记簿上登记注销已用完的发票，并签字领用新的发票；对于急需的办公用品应及时报告班（组）长并领取。

5. 收款凭证和各种表单的装订与上缴

收银员每天下班前，要认真将销售凭证的记账联、开具发票的留存联等原始凭证装订好，连同当日收取的货币资金一并交到总收款室，结清当日账务。

对于上述收银员工作内容的简述，收银员的岗位职责也具有相应的连贯性。首先，收银过程中的现金及其他票据要进行准确地核实与收受。其次，收银员将销售过程中发生的货款回笼汇总，并将销售数据正确输入收银机，企业根据这些信息对商品的种类、数量、价格进行数据归纳和分析。再次，为顾客提供优质的服务。收银员在快速、准确地收受货款之外，还要为顾客提供优质的服务。除了熟练掌握业务技能，还要有高水平的服务技巧，以便为顾客提供超值的服务体验。最后，协助防损、防伪、防盗。收银机上的销售记录是企业的基础数字，收银员要充分认识其重要性，必须正确输入，并做好保密工作。

由于收银工作的特殊性，收银工作具有如下五个特点。第一，专业性。收银工作有专门的操作技术和工作要求，因此，这是一项专业性很强的工作。第二，责任性。收银台每天收取大量的货币资金，而这些货币资金既关系着企业的经济利益，又关系到顾客的切身利益，因此，收银员应有高度的责任心。第三，熟练性。由于商场、超市的客流量较大，为了减少顾客交款等待的时间，收银员必须操作熟练，提高工作效率。第四，服务性。收银工作是一项服务性工作，收银员的态度直接影响到企业的经济效益。收银员应树立服务观念，增强服务意识。第五，规范性。收银工作的各个环节必须按照一定的流程进行，只有执行一定的工作标准才能保证收银工作的服务质量。

资料库 1-1 　　收银员作业守则

（三）收银服务基本要求

收银服务直接反映企业的经营成果，现金安全问题重大，并且收银服务设施与人员服务水平也直接影响顾客的满意度，因此做好收银服务是收银工作中的重中之重。

收银服务基本要求

1. 快速

快速即收银的整个操作过程速度要快。包括收银员收银时扫描、装袋、刷卡、找零等细节，现金室操作，收银管理人员的现场运营实务过程，都必须要快速流畅。

2. 准确

准确即收银工作每个细节的准确度要非常高。无论涉及金额大小，都必须准确无误，准确是衡量收银工作的重要指标之一。

3. 安全

安全即保证资金的安全、保证顾客的安全、保证商品的安全。安全是收银工作的重要保证条件。任何操作流程都必须有必要的安全防护措施。

4. 热情

热情就是要微笑、礼貌、主动、真诚，树立顾客至上、顾客优先的服务原则。收银台是一个企业向顾客展示优质服务形象的窗口，每位员工都应该时时刻刻通过自己的语言、动作、表情向顾客展示良好的精神风貌和企业形象。

任务二　解读收银工作的性质

一、收银工作在会计工作中的地位

收银工作是显示整个企业管理水平和服务水准的一个重要窗口，是企业效益的最终实现环节，也是企业防损的一个重要环节。收银工作是商业财务会计工作的重要组成部分，具有一般会计的工作属性，也是企业财务会计环节中不可或缺的一个重要环节。如今在"互联网+"发展的新形态下，我国经济体制改革也正在进入一个全新的发展阶段。企业财务会计工作在一定程度上影响着企业的经济成效。收银作为企业会计的重要组成部分，不但以其特有的手段和方法，为企业经营管理提供一个稳健而有序的经济环境，而且也为企业经营提供明晰的会计信息，以其必不可缺的工作流程对经营管理全过程进行有效的控制、调节和疏导，以保证企业经营管理合法、有序地开展。概括地说，随着经济体制改革的深入和发展，收银工作不但在企业会计中不可或缺，而且在经营管理中也起着承上启下的作用。因此，无论是传统的票据收银还是现代化的电子收银，收银工作都越来越重要，其地位也越来越受人瞩目。

二、收银工作在会计工作中的作用

随着我国改革开放和社会主义市场经济的蓬勃发展，商品经济日益繁荣，城乡居民的生活水平不断提高，消费水平也随之提高，因此，做好收银工作对保护货币资金的安全、促进经济的发展具有十分重要的作用。

收银工作同收银员一样有广义和狭义之分。广义的收银工作包括收银员、总收款室人员、收银主管、收银班（组）长、收银监察主管和收银监察员等所从事的工作；狭义的收银工作是指在收银台所从事的收款工作。一般情况下，收银工作是指狭义的收银工作。

收银工作是会计工作的重要组成部分，是会计工作环节中设在营业场所第一线的、负责收取营业资金的专门工作。收银工作与会计工作的主要区别在于收银工作只负责货币资金的收入，而不负责货币资金的支付，其工作过程主要是收入、保管、清点、核对及上缴，不设置账户进行核算。收银工作人员类似于一个会计角色，是会计工作的补充，或者说是会计某一项工作的分解内容。在会计核算监督中，收银工作则处于十分重要的地位，因为收银工作是企业取得服务性或经营收入的第一关。因此，收银工作属于会计核算的基础工作。收银工作与会计工作密不可分，其作用主要体现在以下三个方面。

（一）保护货币资金的安全

货币资金是企业一项重要的流动资金，是企业资金的重要组成部分。因此，保护货币资产的安全与完整，是预防企业财产损失和保护企业经营成果的重要环节。收银工作是企业经济活动的前哨，肩负着收取和保护货币资金的重要使命，应加强管理，防止差错，防止丢失和被盗，切实保护好企业货币资金的安全与完整。

（二）树立企业的良好形象

收银台是企业的一个窗口，收银工作质量的好坏直接影响着企业的形象。因此，让每位客人都满意是收银工作的服务宗旨。这就要求每位收银员要树立服务思想，增强服务意识，进行微笑服务、热情服务，准确无误地收取钱币，提高收银工作的效率和质量，最大限度地树立企业的良好形象。

（三）提高企业的经济效益

收银工作担负着各项货币资金和有价证券的收取任务，是企业经济活动的第一道"关卡"。收银工作做好了，企业的经营活动就能够正常运转，企业的经济效益就会提高。反之，收银工作一旦出了问题，货币资金收取不及时，就会直接影响企业的正常经营周转，最终影响企业经济效益的实现。

任务三　把握收银员基本职业素质要求

一、收银员从业资格与技术要求

（一）收银员的从业资格

收银业务是一项经济管理活动，也是一项专门的经济工作，是零售企业财务部门设在营业一线收取货币资金的专门业务。收银员是企业经济活动中的一个重要角色。收银员自身需要具备扎实的基础，加快学习现代化收银技术，掌握各项专业技能，不断完善自我，更好地提升自身的服务能力，并在具体的实践工作中探索工作方法。在进行收银的过程中，为了保证工作效率，收银员要有熟练的技术，在操作过程中降低失误现象的发生率，并在事后做好现金的清点和审核工作，减少企业的经济损失，并保障企业和顾客自身的利益。收银员在实际工作过程中每天都会接触到很多现金，所以在工作岗位中应该学会抵御金钱的诱惑，并严格遵守企业的规章制度，在完成工作之后保证现金的完整性及数量的一致性。

收银工作从表面上看比较简单，但实际上操作过程却比较烦琐，所以相关的收银工作人员在实际工作过程中应该处理好每一个细节，并掌握工作岗位中的各个流程，能够严格按照规定进行。收银审核工作是一项长期需要和金钱打交道的工作，收银员需要强化自身的服务意识、责任意识和良好的道德意识，不断提升自身的综合能力。收银员分为初、中、高三个等级。

1. 初级收银员

（1）申报条件：

① 中专以上学历（包括应届毕业生）；

② 职业学校相关专业毕业（包括应届毕业生）；

③ 从事本职业工作 1 年以上者。

（2）培训认证内容：《全国收银员岗位资格培训教材》。

（3）报名资料：身份证、学历证（学生证）复印件、彩色免冠同一底版 2 寸照 6 张。

2. 中级收银员

（1）申报条件：

① 中专以上学历（包括应届毕业生）；

② 取得本职业初级证后，职业学校相关专业毕业（包括应届毕业生）；

③ 大专学历或在读学生；

④ 从事本职业工作 2 年以上者。

（2）培训认证内容：《全国收银员岗位资格培训教材》。

（3）报名资料：身份证、学历证（学生证）复印件、彩色免冠同一底版 2 寸照 6 张。

3. 高级收银员

（1）申报条件：

① 高中以上学历，连续从事本职业工作 2 年以上；

② 大专以上学历，连续从事本职业工作 1 年以上；

③ 从事本职业工作 4 年以上者。

（2）培训认证内容：《全国收银员岗位资格培训书》。

（3）报名资料：身份证、学历证（学生证）复印件、彩色免冠同一底版 2 寸照 6 张。

从事本岗位工作 5 年以上或取得本项目中级资格证书 2 年以上的可直接申报高级收银员资格培训认证。职业资格证书实行全国统一认证标准、统一培训书、统一试卷、统一考试时间、统一资格评审，对未认证的学员免费提供一次补考机会。职业资格证书全国通用，是持证人员上岗、应聘、晋升、绩效考核的有效依据。

（二）收银员的技术要求

收银是一个专业化的职业，收银员要清楚地了解该职业的基本常识、特点及环境，为实施收银规范化服务打好基础，做好准备。收银员主要工作包括收取现金、支票、华通卡、信用卡等，为顾客开具发票并对本收银台当班销售额进行核算的工作。目前，移动支付中的"微信""支付宝"支付较为普遍。移动支付是互联网时代一种新型的支付方式，其以移动终端为中心，通过移动终端对所购买的产品进行结算支付，移动支付的主要表现形式为手机支付。因此，收银员需要熟练运用扫码枪等机器进行收银核算。收银工作需要准备一定数量的零钱，在结算过程中为顾客找零。在实际工作过程中还要对一些商品的价格进行及时的改正和修正。收银员的服务质量直接关系到企业形象，由于收银员与各机构之间的资金往来密切，只有具备较强的服务意识，才能满足客户需求。收银工作作为一种经济管理活动，其主要特点是采取价值的形式，对社会再生产过程中的经济业务进行连续、系统、综合的核算和监督。因此，收银员在实际工作中需要具备以下技术要求：

（1）具有中专以上学历；

（2）认真细致，责任心强；

（3）有一定财务会计知识；

（4）熟练掌握收银业务的操作技能；

（5）了解公司与商场、超市有关的各项规章制度；

（6）具备较好的服务、服从和协作意识；

（7）具备一定的计算机操作知识；

（8）具有识别假钞和鉴别支票真伪的能力。

提问 1-2

做收银员需要注意哪些事项

答：收银员主要负责为超市或企业收钱。因此，收银岗位至关重要，对收银员的素质要求非常高。收银员需要注意以下三点：

第一，注意端正态度。

收银员在收银过程中要面带微笑，多用一些礼貌用语。收银员作为企业的重要门户，要以饱满的热情对待工作，并使用文明用语。

第二，注意检验钞票的真伪。

在收银过程中，收银员要做好验钞工作，避免收到假钞的情况。这一点是非常重要的，否则将造成不必要的损失。

第三，注意职业操守。

收银员要有职业操守，不能中饱私囊，把企业的资金据为己有。在收银过程中，收银员频繁地接触钞票、银行卡等，这更需要收银员恪尽职守，细心、耐心、用心地对待每一步工作。

二、收银员职业道德规范

收银是财务工作的重要组成部分。收银员直接、长期接触现金，只有提高职业素养、职业道德、专业技能，才能保证财务管理工作平稳、有序地运行。这就要求收银员要深入了解收银的工作职责，树立正确的职业观念，提高业务能力，以进一步适应新形势下收银工作的特征，做好收银工作。

（一）爱岗敬业、尽职尽责

爱岗敬业、尽职尽责，就是要热爱本职工作，维护职业尊严，忠于职守，坚持原则。收银员在业务上精益求精，尽自己的责任和义务做好本职工作。"在其位，则忠其事，尽其力"，着眼于大局，立足于小事。热爱本职、扎实工作是爱岗敬业的前提。所谓扎实工作，就是兢兢业业、不厌其烦的劳动态度，这也是一种职业作风。有了这种职业作风，收银员就能认真对待自己所从事的职业活动，力求到位而不做表面文章，事事有着落、有交代，不虎头蛇尾。一方面，收银员要树立全心全意为顾客服务的思想，主动耐心地为顾客服务，通过自己的勤奋劳动，满足顾客的需求，为企业创造经济效益。另一方面，收银员工作时间较长，工作需要严谨细致，因此，更需要细心、用心地核算每笔资金，这也是企业防损最直接的渠道之一。

（二）公私分明、奉公守法

收银员要加强学习，不断提高自身修养，具有良好的思想品质。工作中要正确运用手中的权力，坚持原则，遵守制度，收好钱物，管好资金，保证货币资金的安全。奉公守法是收银员的立业之本，是收银员职业道德的重中之重。为确保收银审核工作能够严谨、高效地开展，收银员要提高对收银工作的重视程度，明确自身岗位职责，将个人利益与企业利益相结合，提升职业责任意识，避免人为因素造成经济损失。收银员应遵纪守法，自尊自重，严格执行有关政策、法规，做到克己自律，秉公办事，不利用工作之便谋取私利、损公肥私，要坚持原则，敢于同犯罪现象做斗争。收银员自身要树立正确的金钱观念，保持廉洁的工作作风，提升自身的思想道德水准，灵活应对各种突发情况。收银员日常接触货币资金的机会较多，因此，收银工作时刻都在经受着金钱的考验，保护好货币资金的完全完整，是收银员的神圣职责。

资料库 1-2   相关法律知识

（三）通力协作、热诚服务

收银工作是企业的一个窗口，收银员在日常工作中一方面要处理好收银员内部之间、收银员与班（组）长之间的关系，另一方面还要处理好与顾客之间的关系。在工作中要以大局为重，自觉地把国家利益和集体利益与本职工作有机地结合起来，做到局部服从全局，眼前服从长远，个人服从集体，创造宽松的工作环境，构建和谐的工作关系。

收银员在工作中要热诚服务，服务质量的好坏直接影响着企业的形象。因此，收银员要增强服务意识，时刻牢记"顾客就是上帝"的服务宗旨，顾客的满意就是自己的追求，做到满腔热情地对待本职工作，全心全意地为顾客服务。收银员要正确看待企业、顾客和个人利益的关系，做到顾客利益至上，维护企业形象，个人利益服从顾客利益和企业利益。

（四）诚实守信、保守秘密

诚实守信、保守秘密，是收银员必须坚守的一条重要的职业道德规范。收银员对持有的涉密文件应妥善保管；未经企业授权或批准，不得将涉密文件自行复印、带出办公区域及对外提供；未经许可不得超越权限查看企业的文件及计算机中的有关信息；对违反企业制度的行为有责任及时向有关部门举报。诚实守信是财务职业道德的一项重要内容，也是一切道德的基础和根本。收银员要用自己的一言一行去塑造企业形象，以真诚的服务赢得顾客的信任。目前，大多数服务企业，在服务项目、服务态度等方面都向消费者做出承诺，并向社会公布。这就要求收银员在工作中做到视顾客为亲人，热情服务，言行文明，诚信无欺，说老实话，办老实事，执业谨慎，信誉至上，不为利益所诱惑，不弄虚作假，不泄露秘密。

（五）恪尽职守、勇于献身

收银员在工作时一定要认真细致、扎扎实实，切不可麻痹大意，务必做到对所收款项清点清楚，现金、支票及重要票据不能随处乱放，做好资金管理，养成良好的工作习惯。恪尽职守重在培养收银工作人员的责任意识。将职业操守摆在首位，是收银员需要具备的岗位职责意识之一。责任意识要求收银员清楚自身的工作职责范围，将自身的工作行为和质量与个人长效发展及单位发展相结合，提升对岗位职责意识的重视。收银员考评机制中，要从员工服务语言、态度等多个方面进行审核，并在细化、规范准则的要求下评估员工工作。有关企业在收银员上岗之前应该进行适当的培训。培训能够有效地提高工作人员的责任意识和职业素养。与此同时，收银员要时刻保持职业的警惕性。在国家和集体财产受到损害时，要有敢于同犯罪嫌疑人做斗争的勇气，恪尽职守，勇于献身，从而保护好国家和集体的财产安全。

（六）勤于学习，提高技能

勤于学习、提高技能是收银员的必备职业规范之一。收银员要不断学习岗位技术知识，提高操作技能。"工欲善其事，必先利其器。"学习是收银员的立身之本，是工作的基础和前提。收银员要将优质的服务和熟练的技能变成工作任务，这种任务就是过硬的能力及丰富的知识储备与精湛的技艺。另外，收银员还要用科学的态度对待工作，认真研究工作中的新情况，解决工作中的新问题，只有通过勤奋学习，才能具备较强的财务工作能力、明辨是非的能力及解决问题的能力。

知识链接

运用故事案例培养思辨能力

故事一：超市，一个女孩在小食品柜台前，随意扯开包装吃自己喜欢的食品。监控录像中保安发现后过去制止，将这个女孩带到收银台，要求她支付拆开包装的商品。可是她没有钱。于是保安找来一块纸板，上面写着"我是小偷"字样，用带子挂在女孩的脖子上展览示众达两小时。导致大量顾客围观。

问题一：保安的做法合适吗？小女孩的什么权益受到了侵犯？

基本观点：小女孩的人身权利受到了侵犯。人身权利，是公民依法享有的与人身直接相关的权利。包括生命健康不受侵犯，人身自由不受侵犯，人格尊严不受侵犯，住宅不受侵犯，通信自由和通信秘密不受侵犯等。小女孩的行为确实不当，理应受到惩罚，根据法律规定，她造成的损失应由家长予以赔偿，而不是通过这种侵害她的人身权利的方式去解决。

问题二：如果你是超市老板，面对这样的事情，你会怎样处理？

超市对于违法的顾客，没有处罚的权利，最好的解决办法是打 110 报警，由警察根据超市的录像，依据《治安管理处罚法》对小女孩进行处理。公民在法律面前一律平等的内涵：公民平等地享有宪法规定的权利，平等地履行宪法规定的义务，平等地适用法律。

故事二：在一个旅游城市，一名外国游客突发疾病，情况危急，他的同伴招呼一辆出租车，把患者送到医院。这位出租车司机很热心，一路狂奔，在尽可能短的时间内到了医院。医生说太及时了，再晚 10 分钟就会有生命危险。新闻媒体对这件事情进行了采访报道。全市对这位出租车司机的行为表示赞赏，因为他的行为极大地提升了当地的形象，促进了当地旅游业的发展。就在大家欣喜之余，出租车司机收到了警察的处罚通知：因为他一路闯了 5 个红灯，罚款 1 000 元。

问题：警察对该司机的处罚有道理吗？

观点有两类。一类观点认为，出租车司机的做法是一种助人为乐的行为，其行为提升了当地的形象，违反交通法规是情况所迫，出于无奈。另一类观点认为，出租车司机的举动是一种善举，但他确实违反了交通法规。善举不能抵消过失，不能因为善举而不受到法律的处罚。经过大家的讨论，终于认识到，任何人的权利都受到法律的保护，任何人的违法行为也都会受到法律的制裁。由此，让学生进一步理解公民在法律面前一律平等的原则。

📇 项目精要

通过本项目的学习，学生能够熟识收银工作基础知识。根据收银的背景起源，以及在会计工作中的地位和作用，更清楚地掌握收银工作的重要性和其价值所在。从理论知识有效过渡到实践技能，更清晰地把握收银员的基本素质，为实际工作奠定坚实的基础。

📑 项目训练

任务训练一　思考题

1. 试述收银工作的作用。

2. 试述收银工作的特点。

3. 试述收银员职业道德的基本内容。

任务训练二　案例分析题

【任务资料】2021 年中秋节当天，收银台前人潮涌动，大家都急着排队买完东西回家过节，超市的收银员也一个个手如飞梭：扫描—收款—点钞—找零，突然，有个收银台前不断传来顾客的争吵声，顾客排的队特别长，移动的速度非常慢。问题的"源头"是：这位收银员特别"秀气"，慢慢地拿过顾客的商品，慢慢地一个个扫描，再缓缓地取过顾客递过来的钱，轻轻地放入收款箱，然后非常"秀气"地在箱内寻找零钱，再"小心翼翼"地递到顾客手中，再"慢慢地"接过又一个商品。整个过程都在缓慢地进行，与动作麻利的伙伴相比，显得非常"斯文"，可在一边早已等得不耐烦的顾客实在无心欣赏与留恋这等"秀气"景观，一个个吵嚷起来，"你这位收银员怎么这么慢啊？""别的收银台这会儿早就几个人过去了，这儿却这么慢！""怎么回事啊？等得都急死人了！"埋怨声不绝于耳。

现代社会，各行各业人才竞争激烈，人们常听到这样一句话："我们需要专业化的人才。"的确，在这个时代，随着整个社会成员综合素质的普遍提高，在各行各业，良好的敬业精神已不单单是竞争的优势，而专业的业务知识与精湛的业务能力更能赢得最终的竞争优势，对于服务行业尤为如此。

【任务要求】上述案例中那位"秀气"的收银员，不仅自己工作很吃力，也在收银工作最繁忙的时候耽误了大家的时间，引来了不必要的麻烦。那么收银员在上岗工作前有哪些技术要求？如何更好地避免这种现象发生呢？

⊞ 上岗一试

【任务资料 1 及要求】70 岁的张婆婆每次购物都有核对小票的习惯，这天张婆婆在幸福超市购物后发现自己没有戴老花镜，所以希望收银员小敏帮忙核对一下购物小票上的钱数。可是小敏看了张婆婆一眼说："您看看后面排队的人那么多，眼神不好还出来逛啥呀？小票上不是有吗？自己回家慢慢对呗！"张婆婆一听此话，气得当场发病，投诉了收银员小敏。如果小敏记得自己的职业道德要求，就不会对顾客讲出不合时宜的话了。因此，要想避免类似情况再次发生，如果你是一名收银员，应该怎样处理？

【任务资料2及要求】张雪是时代超市的收银员，由于家里情况特殊，急需一笔款项来解燃眉之急。2020年7月7日上午9：00，收银员张雪像往常一样在时代超市2号柜台收款。无意中发现收款处有一个很大的钱包。这时服务台广播正播放一则寻物启事。原来，王先生当天上午8：00在时代超市买完东西后，就返回了家。到家后，王先生忽然发现自己的钱包不见了，回想从超市出来后，自己就直接回家了，那么，钱包会不会是落在超市里了呢？王先生返回时代超市说明来意后，超市播放了这则寻物启事。如果你是一名合格的收银员，应该告诉张雪怎么做呢？

【任务资料3及要求】现代超市自选商场已深入到各个生活小区，给居民提供了便利，为了提高利润，各个超市都在想尽办法吸引顾客，刺激消费，增加销售量，于是便有了价格战、宣传战、服务战等。每逢节假日或晚上购物高峰时，超市收银台便排起了长队，这困扰着很多店长、收银主管甚至顾客。你作为一名有经验的收银员，请结合自己的实际情况谈谈如何解决上述问题。

项目二

透视收银工作环境

项目总体目标

知识目标：1. 掌握收银机构设置和收银岗位职责

2. 熟悉收银员的工作内容

3. 知悉收银工作环境

4. 了解商品编码、条码及收银工作系统

能力目标：1. 能够熟练掌握收银岗位职责

2. 能够认知商品条码和编码的基本常识

素质目标：培养严谨认真的工作态度和高度负责的职业意识

引导案例

钱程是某高职院校财会专业的学生，毕业后到某市一家大型超市去实习。面对收银台上各式各样的设备、络绎不绝的顾客，钱程努力回忆学过的"收银实务"这门课程的相关知识：熟悉收银工作环境，包括收银工作的组成要素、收银员的工作内容、收银岗位职责等，将理论知识运用到实际工作中。

任务一　收银工作组成要素认知

一、收银人员认知

（一）收银人员的定义

收银人员是指在商品交易领域或服务领域的费用结算环节中，管理或直接从事对商品或服务款项收讫及与其相关费用收讫工作的员工。

（二）收银人员的类别

1. 收银主管

收银主管是财务部门出纳人员的下属，负责款项清点核算，交给出纳人员，是管理收银员的负责人。主要工作职能是监督、检查、核对收银员的工作，与收银员没有本质区别，只是分工不同，职位不同，工作性质是一样的。收银主管比一般收银员的责任大，负责的工作范围广，收银员的工作只是单一地负责一台或多台收银机的工作，而收银主管要负责整个店面的收银机。

2. 收银班（组）长

收银班（组）长是收银主管的下属，在收银主管的主持下，监督和指导收银员进行收银工作的人员，在工作量大时也进行收银工作。企业可以根据经营规模的大小自行选择是否设立此岗位。

3. 收银员

收银员是指在商品零售企业从事面向顾客收取现金、支票及各种金融支付卡等，并为顾客开具发票，同时核算销售收入的工作人员。收银员在收银主管和收银班（组）长的组织下开展具体工作。

（三）收银岗位组织架构

收银工作可根据企业经营规模的大小和顾客数量的多少进行细分，收银岗位组织架

15

构如图 2-1 所示。

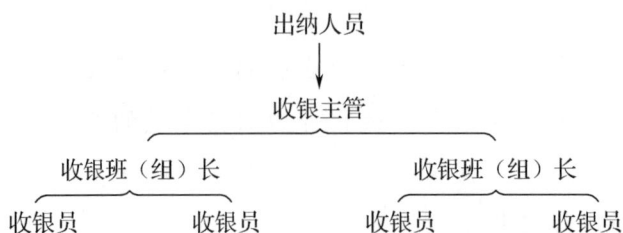

图 2-1　收银岗位组织架构

二、收银员的工作内容

（1）有强烈的工作责任心，遵守考勤制度，负责收银工作。

（2）严格按照规定穿着工服，保持个人仪表仪容整洁大方，以良好的仪表仪容、饱满的精神向顾客提供准确、快捷、礼貌的优质服务。

（3）每日按规定时间到公司财务交清前一天的营业报表。

（4）按时到岗，备足营业用零钞、发票，做好营业前的准备及清洁工作。保持桌面整齐、干净。

（5）掌握现金、信用卡、签单、挂账等结账程序。

（6）准确打印台号的各项收费账单，熟记台位价格、出品价格及电脑号码等有关收银程序。

（7）收银员在操作过程中，如遇错单作废必须由总经理签字方能认可，否则一切损失由承接责任人承担。

（8）严格遵守财务制度，每天的现金收入必须及时上缴，特殊情况需向管理人员汇报，做到账款相符。

（9）周转备用金必须每班核对，具有书面记录，每天的营业收入现金未经专管人员批准，不得以任何借口借出给任何人，或私自挪用。

（10）收银员不得在收银工作中营私舞弊、贪污、挪用公款，损害公司利益，如经发现给予开除并赔偿经济损失。

（11）收银员不得在上班时间中途离开岗位。如必须暂离岗位，需经理同意，应注意钱款安全，随时锁好抽屉和钱柜。

（12）严禁在收银台存放酒水或与工作无关的私人物品。

（13）工作时间不得携带私人款项上岗。

（14）在收款过程中做到快、准、礼貌，不错收、漏收顾客款项，对签单及挂账者必须有充足的依据方可。

（15）熟练掌握面额现钞的鉴伪技术及验钞机的使用方法，防止伪钞收入；认真识别现金真伪，发现假钞应立即退还，并向顾客解释、调换。

资料库 2-1　　　　及时验钞

（16）接受信用卡结账时，应认真依照银行有关规定受理。

（17）收银员应严格遵守财务保密制度，不得向无关人员和外界泄露公司的营业收入情况、资料、程序及有关数据。

（18）必须严格按照指定的收银折扣、管理人员签字权限操作（如有超出及时提醒），否则给公司带来的经济损失由收银员赔偿。

（19）熟练掌握收银、输单操作过程及退单、转台、翻台的程序，每日负责填写营业日报表，做到及时上缴。

（20）不得在收银台前与任何人闲谈，非工作人员不许进入收银台。

（21）不得使用电脑做其他与收银无关的工作。

（22）掌握发票、收据的正确使用方法。

（23）认真填写营业后的交款单据，须做到账物相符。

（24）收银员应认真整理好每日账单，避免单据遗漏。每日终了，将钱放入钱柜中，并做好当日营业报表。

（25）收银员在营业结束后，应认真核对当日营业收入，必须认真核对报表数与实收数是否一致，如出现短（长）款，应及时查明原因，如属收银员自身原因造成短款，由当日收银员全额赔偿，属其他原因造成的或未查明原因的，报财务部，经财务部查明后处理。

（26）准确、快速地做好收银结算工作。严格按照各项操作规程办事，在收款时自觉遵守财经纪律和财务制度，对于违反财经纪律和财务制度的要敢于制止和揭发，起到有效的监督作用。

（27）爱护及正确使用各种机械设备（如电脑、发票机、计算器、验钞机等），并做好清洁保养工作。

（28）以员工手册为准绳，自觉遵守规章制度。

（29）积极参加培训。

（30）积极完成上级分配的其他工作。

三、收银台与收银场所

（一）收银台

收银台作为商场、超市必不可少的配套设施，越来越被客户所关注。收银台俗称付款处，是顾客付款交易的地方，也是顾客在商店最后停留的地方，这里给顾客留下印象的好坏，可决定顾客是否会第二次光临，其重要之处不言而喻。收银台除了收银这一主要用途，将在吸引顾客视线的同时发挥出特

收银台的摆放位置

殊功效。

收银台的作用如下：

（1）改观商场、超市的形象，提升购物场所的级别。

（2）方便顾客，可以把选购物品放在上面，减轻购物的负担。

（3）提升商品的流通率，加快顾客的结账时间，避免顾客因耽搁时间长而放弃购物。

（4）结构紧凑，占地面积小，节省商场、超市的空间。

部分商场、超市可能认为，收银台是无关紧要的，它们只是顾客选好商品以后过来付钱的地方，根本不需要太重视，这是对品牌不重视的卖场的看法。商场，除本身的实力以外，品牌效应和定位也是生存必要的因素，而收银台的布置和摆放，可以提升品牌效应，收银台的颜色、设计美轮美奂，与企业形象一致，顾客进入和离开卖场前都可以留下深刻的印象。

收银台的摆放和设计有以下 6 个技巧。

（1）根据人体工程学，成年人在站直的时候，手腕摆动高度在 80～120cm，最令人感到舒适的高度是 90cm，所以收银台的高度一般在 90cm 上下。收银台的高度是可以灵活变动的，比如，男装店会适当提高至 100cm 左右；超市为了方便装袋，降低至 80cm 左右等，只要考虑到顾客人群，就可以设置适宜的收银台高度。收银台的规格如图 2-2 所示。

图 2-2　收银台的规格

（2）收银台要符合店铺整体设计、颜色氛围、空间格调等，不可显得过于另类。

收银台的设计要符合店铺整体的装修风格，在颜色的选用上，大部分店铺会选用咖啡色、黄色或乳白色的收银台，都是比较适宜的。有些店铺采用大红、全黑或全白色的收银台，这是非常不适宜的。大红色容易激发顾客和营业人员的暴躁情绪，不利于聚拢人气。全黑和全白在中国传统上都被认为是不吉祥的颜色，容易让人联想到死亡等不好的东西，所以也不适合作为收银台的颜色。在空间布局上，一要简约大方；二要便于顾客结算方便；三要兼顾保障顾客隐私。

（3）将收银台的外围做成储物格的形式，这样即使商品很多也不会显得很乱。收银台的设计如图 2-3 所示。

（4）收银台应该在"显眼"区域，减少顾客"纠结"的时间，方便顾客寻找、付款，必要时可以增加收银员和收银机。通过灯光可以让收银台更加醒目。收银台的灯光设计如图 2-4 所示。

图 2-3　收银台的设计

图 2-4　收银台的灯光设计

（5）收银台代表了店铺的"脸面"，要整洁干净，否则会影响在顾客心中的形象。

（6）收银台尽量设置在店铺靠里面的位置，这样可以诱导顾客进入店铺的最里面，看到更多的商品，如果设置在门口，容易给顾客造成"一进店就要钱"的感觉，使顾客产生压力。

一个设置得好的收银台就是一个"隐形的黄金区域"，它不仅要肩负收银功能，还要承担"排队消费"的功能，同时还是整个店铺设计的"扛把子"，既能提升店铺档次，还能提高店铺业绩，所以要认真对待，不可草草了事。

（二）收银硬件环境

收银硬件环境由收银场所、收银台案、收银工具、收银文具构成。

1. 收银场所

收银场所是以收银台为中心的一个收银工作区域。其环境布局非常重要，既要保证收银工作安全快捷，又要方便顾客交款结算。由于商场和超市的经营方式不同，因此收银台的布局也完全不同。

收银场所一般用收银台自然而然地分割成客用空间（台外）和收银员工作空间（台内），此类收银场所的收银员有劝阻顾客进入工作空间的权力。收银业务较为频繁的收银台案上设有金属护栏、玻璃或其他材料制成的挡板，以加强收银工作的安全性。隔离设施不应阻挡顾客对收银的视线监督或成为顾客与收银员谈话的障碍，反之，均属于缺乏服务意识的表现。为便于顾客监督，许多收银台内侧都设有反光镜，可将台案上的一切物品和收银员的操作过程清楚地反映在顾客面前。

收银场所应有明亮、柔和的光照条件和照明设施，照明灯不亮时应立即更换，过于暗淡的环境可能会给顾客增添不必要的心理压力，而过于刺眼的灯光又容易使顾客烦躁。

2. 收银台案

收银台案的摆放位置应考虑给顾客留有一定的活动空间，以方便顾客结账、集散，不影响顾客进出，收银台案多位于顾客经常进出门口的里面一侧，大型商场则安置在活动场地较为宽敞的中心位置。

收银台案上的物品摆放应尽量简洁，不经常使用或备用的小件收银文具一般放在收银台案的抽屉或分格内。收银台上的现金、票据及凭证单据等应在处理后随时收存锁闭，不得随意摆放于收银台面上。废弃单据应按十字方向撕毁，以防止他人恶意利用。

3. 收银工具

常用的收银工具主要有收银机（整体综合核算、登录及蓝屏显示功能的微电脑显示器、凭证打印机、存放现金与票据的金库等）、验钞机、电话机及银行授权机、保险柜等。有的商场、超市还有点钞机、捆钞机、硬币清分包装机、扎把机甚至金库门等专用机具。

根据实际需要，在收银台案内侧或后方的安全角落可安置一个保险柜，台案下设一个装废弃物的纸篓。

收银工具应随时检查，发现异常应及时修理，严禁"带病"作业。带电收银机主要检查电源、电线，防止漏电。严禁将纸质物品摆放在电器上。

收银机一般应放置在收银员的右方，以迎合收银员右手操作的习惯。收银机一般有供顾客审视的电子显示屏，收银员与顾客所处位置之间的台案上不应放置可能阻挡顾客监视视线和影响收银工作的收银工具、文具或其他物品，尽量以简洁为主。

4. 收银文具

收银文具主要有算盘、客用计算器、印章、印盒、签字笔、海绵缸、胶水瓶、纸带或者橡皮筋、钉书器、收付款机、打印纸带、复写纸、凭证单据收集夹等（这里主要指商场，通常超市不需要这么多文具）。收银文具应注意妥善保管，尽量放置在便于使用的固定位置上。无特殊情况收银文具不得外借。收银文具的备用量不宜过多，以免造成收银环境的混乱。

四、收银工作系统认知

（一）什么是收银工作系统

收银工作系统是专门针对各个行业开发的软件，包括超市、酒店、理发、美容、餐饮业等。收银工作系统可以实现经营场所的信息化管理，具有提高效率、监视状态、避免错误、自动统计、库存管理、提高收益的功能。

（二）收银工作系统的由来和发展历程

世界上最早的收款机出现在 1879 年，由美国的詹敏斯·利迪和约翰·利迪兄弟制造，当时主要是为了监督雇用人的不轨行为。不过当时的机器只能记录营业额，没有其他功能。

尽管早期收款机的出发点是为了管钱，但这台机器随着后人的使用，另一层意义发挥得更加明显，即简化记账流程，初步形成了一套更为先进的业绩管理机制雏形。

收银机的配套设施基本与科技发展水平同步。计算机技术发展以来，收银机的功能也逐渐扩大，不仅仅是为了收款或记录单笔交易。

在实际支付时看到的 POS 机或扫码枪，已经不再是作为独立的收银工具存在，而是整个店铺营业系统的最末端。一个完整的商户系统涉及的功能包括商品库存量单位（Stock Keeping Unit，SKU）档案、库存、交易订单细节等，收银员可通过终端点单同步商品进出，店长也可以通过系统看到每天、每月的具体流水和库存变化。这被称为第一代收银系统。

收银系统的第二阶段。与第一代相比，它将终端的收银和交易操作与后台数据系统相连接，让整个业务流程都变得可视化，商户管理的效率也更高。

但第二代收银系统仍然局限于单家商户内部，更像是一个封闭性的后台系统。好比计算机兴起时的单机时代与现在的互联网时代，第三阶段的收银台又多了"联通""同步"的概念。

第三代的商户系统通常被称为商业管理系统，多见于连锁店、大型商超等。它所使用的系统更为庞大、智能，除了单一门店的交易库存资料，还能与其他分店的数据库打通，不同网点之间可调货，后台管理者也能即时性地看到各个分店的交易等方面数据。

此外，这些管理系统还支持记录客户资料，以实现会员库的保存和多门店同步。

目前来看，第三代商业管理系统已经能满足经营者管理商户的大部分管理需求，也能实现联网同步功能。

（三）常用的收银系统

1. POS 收银系统

POS 收银系统，全称为 Point of Sales 管理系统，也被译为"销售时点情报管理系统"，是专门用于商品经营企业前台销售与后台管理的电脑应用软件，是指通过自动读取设备（如收银机）在销售商品时直接读取商品销售信息（如商品名、单价、销售数量、销售时间、销售店铺、购买顾客等），

智慧新零售系统

并通过通信网络和电脑系统传送至有关部门进行分析、加工以提高经营效率的系统。

2. 店铺收银系统

店铺收银系统是一款简单、实用的店铺收银软件（单机版），分为前台收银和后台管理两部分，前台支持全键盘操作，后台管理库存等。适用于个体老板、小企业，如超市便利店、快餐奶茶店、水果/茶叶店等。无会员管理功能，因单机版的收银软件不适合添加此功能。

任务二　收银工作岗位认知

一、收银机构设置

收银工作同其他经济工作一样，需要设置组织机构，建立岗位职责，实行分级管理，明确各自责任，这样才能使收银工作得以顺利开展。科学地设置收银机构，有效地组织收银工作，是发挥收银作用、完成收银任务、提高收银工作质量、有效增加企业经营效益的重要保证。

商场、超市等零售企业应根据本单位经营业务的实际需要及上级主管部门的有关规定和要求，合理设置收银机构，配备一定数量的收银人员，并建立健全收银工作的内部工作职责与制度，以使本单位的收银工作正常有序地进行。

收银机构的设置由于没有法律上的明文规定，因此可以借鉴会计机构的设置模式来设置。各零售企业可以根据自身的经营规模及营业场所、营业面积的大小，结合收银工作的具体情况来设置收银机构。收银机构一般设置在财务部门的下面，属于财务部门的隶属机构。经营规模较大的企业，可在财务部门下设专门的收银科（部），收银科（部）下设总收款室；或是直接在财务部门下设总收款室，然后在总收款室下设收银班（组），负责管理每个营业层面上的收银台。收银机构设置如图2-5所示。

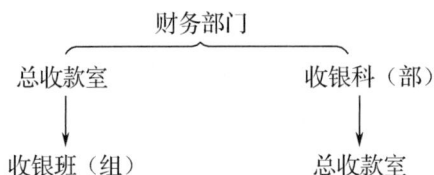

图 2-5　收银机构设置

收银机构要严格实行分级管理、层层负责的管理制度，制定详细的收银工作管理制度和管理人员及工作人员岗位职责。各收银部门及岗位人员应认真执行企业的各项规章制度，明确自己的岗位职责，努力做好收银工作，增强服务意识，提高工作质量，树立企业在顾客心目中的良好形象。

二、收银岗位职责

（一）收银主管岗位职责

收银主管是整个商业场所收银工作的具体领导者，直接归分管经理领导，从收银员的管理培训、班（组）长的日常工作，到具体收银工作的方方面面，都在其指导下开展。因此，收银主管担负着很重要的职责。收银主管的岗位职责主要有以下几方面：

（1）对分管经理负责，在分管经理指导下全面开展收银工作。

（2）制订收银工作计划，并具体落实，及时总结。

（3）主持收银工作例会、班（组）长例会。

（4）审阅收银工作的各种报告、单据、资料和文稿。

（5）负责对收银员进行管理和培训，并指导班（组）长的日常工作。

（6）切实保证企业的各项规划制度在收银区域内得到贯彻落实。

（二）班（组）长岗位职责

由于班（组）长直接管理每个营业层面的收银员，上对收银主管负责，下对收银员负责，具体来说，班（组）长的岗位职责一般有以下几方面：

（1）在收银主管的具体领导下，全面负责分管营业层面的收银工作，带头遵守公司的有关规章制度，并监督收银员贯彻落实，保质保量地做好收银工作，以及完成主管部门交办的各项工作任务。

（2）认真履行班（组）长的工作职责，积极配合主管部门搞好本营业层面的现场管理工作，及时传达公司的各项规章制度，确保公司的各项规章制度在本班（组）得到贯彻落实，在工作中起模范带头作用。

（3）主持召开晨会，负责收银员签到签退，认真做好收银员的病事假备查记录及一周工作情况的汇总工作，合理安排收银员的就餐时间，做到相邻款台不能同时空台。

（4）组织本班（组）成员开展优质服务，使用文明礼貌用语，倾听收银员心声，发现问题及时上报收银主管，积极为本部门工作提供合理化建议。

（5）落实收银主管制订的收银工作计划，对收银员的收款操作进行指导，对其出现的差错进行认真分析，不断提高收银员的操作技能。

（6）根据工作需要合理调配班（组）成员，负责班（组）内收银员的考核及培训工作，带领本班（组）员工完成收款任务，确保实收金额准确无误。

（7）负责电子收银机、POS 机的日常维护，负责各收银台所需办公用品、发票的领用和发放，以及零币的兑换工作。

（8）监督检查收银员的操作规程，保证日常收银工作的正常进行。

提问 2-1

如果收银员和顾客发生争执怎么办

商场收银员作为商业服务的重要环节，应时刻铭记"顾客第一"的服务宗旨。

如果跟顾客产生矛盾，首先应该反省自身，查找工作中存在的不足，采取礼貌用语，希望顾客予以理解，尽可能地化解矛盾。

如果顾客纠缠不清，则应及时通知收银班（组）长或收银主管，由收银班（组）长或收银主管出面将顾客带离现场，避免矛盾激化。

事后及时与收银员沟通，根据情况妥善处理，避免类似情况再次发生。

（三）收银员岗位职责

由于收银员具体负责货币资金的收取，因此收银员不但要认真细致、热情服务，而且要有较强的责任心。收银员的岗位职责主要有以下几方面：

（1）在楼层收银班（组）长的直接领导下，严格遵守公司的各项规章制度，热爱本职工作，服从上级领导的工作安排。

（2）严格执行班次安排，每日早上按时参加由班（组）长召开的晨会，做好重要事项的记录及营业前的各项准备工作。

（3）严格按收银工作程序进行收款操作，正确受理现金、支票、信用卡、会员卡、优惠券等业务，按规定开具销售发票。

（4）认真执行财经纪律，不带现金及私人物品上收银台，严格审核优惠券销售权限及退货、退款批准手续，并按规定程序办理。

（5）工作期间实行站立服务，主动热情，礼貌待客，唱收唱付，接待、送别顾客要使用文明礼貌用语。

（6）收款认真仔细，操作准确无误，一旦操作失误必须及时写出操作说明，报收银科（部）批准后，通知信息中心改正。

（7）负责电子收银机的日常维护、保养及收银台的卫生，保管好收银台内的所有物品，出现问题，担负相应的责任。

（8）合理使用备用金，以节省费用开支。

（9）增强防盗防骗意识，加强对假币、假票据的甄别，切实维护企业的经济利益。

三、收银员的培训

（一）制定培训方案

根据需求分析报告，选定培训对象，制定培训方案。

（二）确定培训要掌握的能力

1. 工作技能

（1）操作收银机。

（2）结算账款。

（3）结账防伪。

（4）开具发票。

（5）常见问题处理。

2. 礼貌礼仪

（1）职业操守：收银人员职业素质要求。

（2）《员工手册》的制定与解读。

（3）服务态度规范。

（4）行为规范。

（三）具体内容

1．工作技能

（1）熟悉收银机的组成和使用。

（2）具备条码输入基本功。

（3）假钞鉴别。

（4）收开发票。

（5）常见问题处理。

2．礼貌礼仪

（1）讲授礼貌礼仪基本要求。

（2）情境演示礼貌礼仪行为操作。

通过情境演示使学生了解服务礼仪的重要性，掌握基本的服务礼仪要点及规范。

现场互动问答，以教学为主，通过角色扮演、游戏互动、现场模拟训练、分组沟通，并进行体验式分享和启示，使学习效果达到最佳。

（四）测试与评价

1．技能测试标准

（1）点钞速度（一般的点钞考核标准：100 张/20 秒为及格）。

（2）手工输入条形码的准确率和速度（手工输入 20 个条码/40 秒为及格）。

（3）商品扫描准确率和速度（扫描商品 40 件商品/90 秒为及格）。

（4）真伪钞的识别（如果有 20 张纸币，其中有 3 张是假币，假钞识别率达到 100%/20 秒为及格）。

2．服务态度测试

（1）角色扮演。

（2）常见问题应急处理（随机出题）。

3．考查方式

考查方式由技能测试和理论测试相结合。

（五）反馈与修正

培训结束后统计测试结果，针对培训效果进行总结，同时发放培训项目满意度评估表，了解此次培训的优点与不足，为以后培训工作的开展奠定基础。

（六）附录

培训项目满意度评估表如表 2-1 所示。

您好！非常感谢您参加此次培训，您真诚的评价和期望是我们追求的动力和方向。请您认真填写以下问卷（在您认可的方框内打"√"），衷心感谢您的支持！

表 2-1　培训项目满意度评估表

培训师姓名：＿＿＿＿＿＿＿＿　　　　　培训时间：＿＿＿＿＿＿＿＿

内容＼满意度	很满意 9～10	满意 7～8	尚可 5～6	不满意 3～4	非常不满意 0～2	原因与建议
课程适合我的工作和个人发展需要						
内容深度适中，易于理解						
培训师有充分的准备						
培训师对培训内容有独特、精辟的见解						
培训方式生动多样，鼓励参与						
问题解答简明扼要						
参加此次培训的收获有（可多选）： A．获得了适用的新知识 B．获得了新的服务观念 C．掌握了工作技能 D．获得了一些可以在工作上应用的有效技巧或技术 E．有助于客观地评估自己的工作，有助于对过去的工作进行总结与思考 F．其他（请填写）： 您给予这次培训的总评分是（以 5 分计）： 其他建议或培训需求：						

说明：1．请如实填写，并在填妥后及时上交培训主管。

　　　2．请给予您真实的评估意见，以帮助我们对培训课程、培训形式等进行改进。

任务三　解密商品编码与条码

一、商品编码与商品条码认知

（一）商品编码认知

商品编码是指用一组阿拉伯数字标识商品的过程，这组数字称为代码。商品编码与商品条码是两个不同的概念。商品编码是代表商品的数字信息，而商品条码是表示这一信息的符号。在商品条码工作中，要制作商品条码符号，首先必须给商品编一个数字代码。

1. 编码原则

（1）唯一性。

唯一性是指商品项目与其标识代码一一对应，即一个商品项目只有一个代码，一个代码只标识同一商品项目。商品项目代码一旦确定，永不改变，即使该商品停止生产、停止供应了，在一段时间内（有些国家规定为3年）也不得将该代码分配给其他商品项目。

（2）无含义。

无含义代码是指代码数字本身及其位置不表示商品的任何特定信息。在EAN码[①]及商品统一代码（Universal Product Code，UPC）系统中，商品编码仅仅是一种识别商品的手段，而不是商品分类的手段。无含义使商品编码具有简单、灵活、可靠、充分利用代码容量、生命力强等优点，这种编码方法尤其适用于较大的商品系统。

全数字型在EAN及UPC系统中，商品编码全部采用阿拉伯数字。

2. 代码结构

商品代码是按照国际物品编码协会（EAN）统一规定的规则编制的，分为标准版和缩短版两种。

（1）标准版商品条码的代码结构。

对于我国商品条码的代码而言，由690、691、692三个前缀码构成的标准版商品条码的代码由13位阿拉伯数字组成，简称EAN-13。前3位数字叫"前缀码"，是用于标识EAN成员的代码，由EAN统一管理和分配，不同的国家或地区有不同的前缀码。中国的前缀码目前有10个，690-699，696-699编码目前尚未采用。EAN-13码由三部分组成，即厂商识别代码、商品项目代码和校验码。厂商识别代码是中国物品编码中心按照国家标准的规定，在EAN分配的前缀码的基础上增加4位或5位数编制的，用于对厂商的唯一标识。商品项目代码是取得中国物品编码中心核准的商品条码系统成员资格的企业，按照国家标准的规定，在已获得的厂商识别代码的基础上，自行对本企业的商品项目进行的编码，包括5位或4位数。校验码是根据前12位数按GB12904—1998附录A规定的方法计算得出的。在实际工作中，校验码一般不用人工计算，由制作条码原版胶片或制作条码标签的设备自动生成。

（2）缩短版商品条码的代码结构。

商品编码的管理是指商品条码系统成员在已获得厂商识别代码的基础上正确地给具体商品项目进行编码，以及对已编码的商品做好原始记录和档案，防止出现编码错误的工作过程，其基本要求就是要保证商品编码的唯一性。要遵循唯一性原则，关键是要严格区分商品的不同项目，主要从商品的种类、规格、包装、颜色等几个方面来考虑。系统成员应当指定专人负责商品编码的统一管理：加强对条码管理人员的业务知识培训，积极参加条码管理机构组织的培训班；建立有关条码工作的规章制度，完善商品编码的原始记录和工作档案，以便于对编码唯一性进行检查；做好条码管理人员变动时有关资料的移交工作，以保持工作的连续性。在编码管理的具体操作上，一般适宜采用"大流水"的编码方式，

---

① EAN码（European Artide Number）是国际物品编码协会制定的一种商品用条码，通用于全世界。

这样能够最大限度地体现编码的"唯一性"和"无含义"原则，减少编码出错的机会。商品条码和商品编码如图 2-6 所示。

图 2-6　商品条码和商品编码

（二）商品条码认知

商品条码是由国际物品编码协会（GPI）规定的，用于表示零售商品、非零售商品、物流单元、参与方位置等代码的条码标识。具体来说，条码是由一组规则排列的条、空组合及其对应的供人识别的字符组成的标记。

据统计，我国已有 50 万种产品使用了国际通用的商品条形码。在我国加入世贸组织后，我国企业在国际舞台上必将赢得更多的活动空间。要与国际惯例接轨，适应国际经贸的需要，企业更要重视商品条码。商品条码是实现商业现代化的基础，是商品进入超级市场、POS 扫描商店的入场券。在扫描商店，当顾客选购商品完毕在收银台前付款时，收银员只要拿着带有条码的商品在装有激光扫描器的台上轻轻一扫，就可把条码下方的数字快速输入电脑，通过查询和数据处理，机器可立即识别出商品制造厂商、名称、价格等商品信息并打印出购物清单。这样不但可以实现售货、仓储和订货的自动化管理，而且通过产、供、销信息系统，使销售信息及时为生产厂商所掌握。事实上，商品条码已成为商品进入超市的必备条件，商品条码化是企业提高市场竞争力，扩大外贸出口的必由之路，是实现生产流通环节自动化的前提条件，同时也是制造商适时调整产品结构的技术保障。我国许多城市已有文件规定，所有无条码商品不得进入超市。

二、商品编码和商品条码的区别

（一）含义不同

商品编码与商品条码是两个不同的概念。商品编码是代表商品的数字信息，是商品之间相互区别的核心要素。而商品条码是承载商品数字的信息符号，其实质是商品编码的外在表现形式，是配合使用扫码仪器准确识别商品的一种手段。要制作商品条码符号，首先必须给商品编制一个数字代码。

（二）特点不同

商品编码是由一组阿拉伯数字构成的，分别表示商品的国别代码、厂商识别代码、商品项目代码等商品信息，具有唯一性，即一个编码只标识同一商品项目。在商品条码中，其条、空组合部分称为条码符号，其对应的供人识别的字符也就是该条码符号所表示的商品编码。

知识链接

二 维 条 码

一维条码所携带的信息量有限，如商品上的条码仅能容纳 13 位（EAN-13 码）阿拉伯数字，更多的信息只能依赖商品数据库的支持，离开了预先建立的数据库，这种条码就没有意义了，因此在一定程度上也限制了条码的应用范围。基于这个原因，在 20 世纪 90 年代发明了二维条码。二维条码除了具有一维条码的优点，同时还有信息量大、可靠性高、保密、防伪性强等优点。

二维条码作为一种新的信息存储和传递技术，从诞生之时就受到了国际社会的广泛关注。经过几年的努力，现已应用在国防、公共安全、交通运输、医疗保健、工业、商业、金融、海关及政府管理等多个领域。

二维条码依靠其庞大的信息携带量，能够把过去使用一维条码时存储于后台数据库中的信息包含在条码中，可以直接通过阅读条码得到相应的信息，并且二维条码还有错误修正技术及防伪功能，增加了数据的安全性。

二维条码可以把照片、指纹编制于其中，可有效地解决证件的可机读和防伪问题。因此，其广泛应用于护照、身份证、行车证、军人证、健康证、保险卡等。

美国亚利桑纳州等十多个州的驾驶证、美国军人证、军人医疗证等在几年前就已采用PDF417 技术，将证件上的个人信息及照片编在二维条码中，不但可以实现身份证的自动识读，而且可以有效地防止伪冒证件事件发生。菲律宾、埃及、巴林等许多国家或地区也已在身份证或驾驶证上采用了二维条码，我国香港特区护照上也采用了二维条码技术。

在我国部分地区注册会计师证和汽车销售及售后服务等方面，二维条码也得到了初步的应用。

项目精要

通过本项目的学习，使学生能够对收银工作环境有基本的了解，能够明确收银工作的基本内容，掌握收银工作的基本职责。通过教师的提示，以及案例的分析和探讨，让学生在快乐中学习，培养学生的观察能力、思考能力，为实际工作打下坚实的基础，同时弘扬学生爱岗敬业的服务意识。

项目训练

任务训练一　思考题

1. 简述商品编码和商品条码的区别和联系。

2. 简述收银机构设置。

3. 简述收银硬件环境的组成部分。

任务训练二　案例分析题

【任务资料】一天傍晚，一个年轻人到店里购物，拿了一张100元递给收银员，当收银员准备给他结账时，他突然说："等一下，我有零钱给你。"于是收银员把100元还给他，并取了他的零钱。等结完账，年轻人对收银员说："你100元还没还给我。"见收银员满脸疑惑，他又补充一句说，"你看，就是那一张。"收银员虽然不大相信，见他如此肯定，只好拿出100元给他，还给他道了声"对不起"。到晚上结账时，收银员发现营业款少了100元，仔细回想，问题出在那位年轻人身上。

【任务要求】请同学们找出这位收银员在收银工作中出现的问题，并探讨如何避免此类事件的发生。

上岗一试

【任务资料1及要求】为使同学们尽快熟悉收银工作，掌握收银主管的工作职责，请同学们进行角色扮演，说明收银主管的工作职责。

【任务资料2及要求】为使同学们尽快熟悉收银工作，掌握收银班（组）长的工作职责，请同学们进行角色扮演，说明收银班（组）长的工作职责。

【任务资料3及要求】为使同学们尽快熟悉收银工作，明确收银员的工作职责，请同学们进行角色扮演，说明收银员的工作职责。

项目三

开启收银业务操作

项目总体目标

知识目标：1. 对商品扫描有基本的认知
　　　　　2. 知悉商品消磁的原则和操作方法
　　　　　3. 熟悉收银操作流程及主要收银业务
　　　　　4. 了解常见的软标签和硬标签的使用

能力目标：1. 能够熟练运用收银机的各项功能
　　　　　2. 能够熟练掌握装袋的操作技巧

素质目标：学会为顾客服务的技巧，严谨认真，规范做事

📖 **引导案例**

在日常生活中，您到超市购物时，是否遇到过这种情况：当您提着所购商品走过安全门时，突然发出警报声，您知道这是什么原因造成的吗？这会造成什么样的后果？

任务一　电子收银机认知

一、电子收银机基本常识

电子收银机

（一）电子收银机的发展及功能

1. 电子收银机的发展

电子收银机的发展经历了三个阶段，如表 3-1 所示。

表 3-1　电子收银机的发展阶段

发展阶段及种类	功能及主要作用
第一类收银机	主要作用是收款和结账，该机可管理的部门较少，一般少于 10 个，PLU（编码商品价目表）少于 300 个，结算方式有 1～2 种，单品价格查询数目少，一般只提供金额表。 收银员经营表、部门销售表和 PLU 销售表 3 种报表，不具备通信功能，因此不能作为信息系统的数据采集终端
第二类收银机	可管理部门数在 20 个以上，PLU 多于 300 个，具有 4 种以上结算方式，单品价格查询数目在 3 000 个以上，具有 4 种以上的报表功能，数据暂存具备调出功能；可连接多种外部设备
第三类收银机	又称 PC-Base 型收银机或 POS 机，将电脑硬件和软件集成，形成一个智能的、可独立工作，也可在网络环境下工作的商业工作站，使电子收银机由早期单纯的收款、结账、信息采集工具，发展到直接即时入账的现代化信息处理系统工具

从第一类收银机到第三类收银机，发生了划时代的改变。电子收银机（POS 机）在会计业务上的高准确性及销售统计和商品管理上的高效性使得商业经营者投资不大，但可以迅速、准确、详细地掌握商品流通过程中的全部数据；使得经营者在市场调查、内部管理、决策咨询、雇员部门考评方面如虎添翼，并大规模地降低经营成本。科技的发展使工作效率有了质的飞跃，POS 机取代电子收银机是社会发展的必然趋势。收银机主要类型变化如图 3-1 所示。

2. 电子收银机的功能

电子收银机是现代化、自动化管理必不可少的基本电子设备之一，被广泛应用于商场、超市中。其核心是收钱功能，主要功能如下。

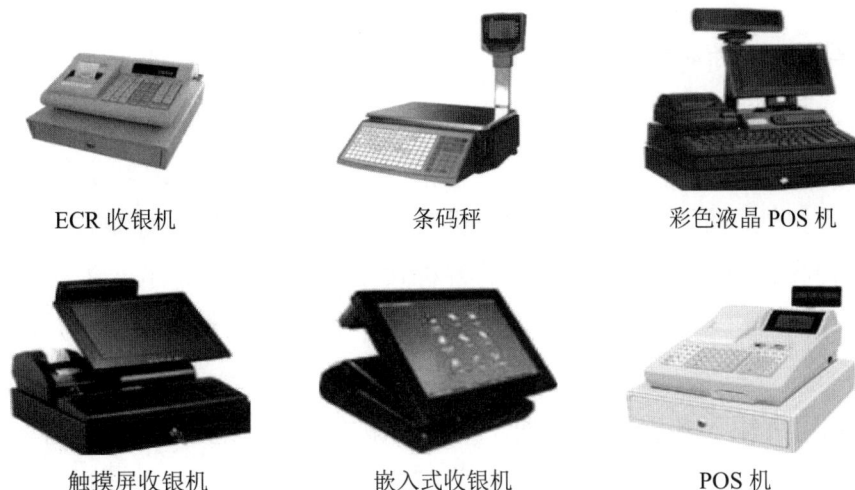

ECR 收银机　　　　条码秤　　　　彩色液晶 POS 机

触摸屏收银机　　　　嵌入式收银机　　　　POS 机

图 3-1　收银机主要类型变化

（1）日常收银功能。

日常收银功能包括收银员签到交接班、开单、点单、结账、打折、会员充值、流水单据查询、小票打印、标签打印等。

（2）财务报表功能。

财务报表功能包括销售单据、趋势分析、商品销售查询、反结账单据、口味销售统计、会员对账、会员购买查询、充值明细等报表。

（3）会员系统管理功能。

为了方便会员管理，收银机还具有会员折扣、会员充值、会员积分、会员次卡、积分兑换礼品、积分抵现金、连锁店铺会员共享等功能。

（4）"互联网+"功能。

电子收银机扩展了"互联网+"功能，包括店内扫码下单、外卖、预约等功能，同时持有电子会员卡的会员可通过支付宝自动充值，支持当面付、会员余额支付等。

（5）微信、支付宝等支付功能。

电子收银机具有微信、支付宝等支付功能。使用扫码枪扫描微信付款码、支付宝付款码，即可轻松付款。

（6）网店系统管理功能。

电子收银机支持顾客在网络店铺下单、网络订餐等，轻松实现网络营销。

（7）云存储功能。

电子收银机引进了先进的云存储概念，实现多店连锁。门店销售数据云端存储，无须担心硬盘损坏，无须数据备份，可以随时随地管理日常数据。

由于收银机的种类、档次、型号差异较大，对于某些功能低档的低类机是不具备的，有些功能虽然具备，但受用户管理水平、应用环境等条件的限制，可能实现不了。随着科技的发展，电子收银机又会不断扩展出新的结合"互联网+"使用的智能功能。

（二）电子收银机的构成

1. 电子收银机的配置

（1）中央数据处理部件：是电子收银机的心脏，用于处理、计算由键盘输入的商品件数、金额等各种收款数据，控制收银机的各种设备和部件。

（2）数据存储器：用于存储收银机的程序和销售商品的数量、金额、税金及各类报表等数据信息。

（3）键盘：用来输入各种销售数据，分为机械式键盘、电容式键盘及薄膜式键盘三种。前两种输入速度快，多用于企业和超市；薄膜式键盘防水防尘，主要适用于餐饮业。

（4）打印机：是电子收银机（Electronic Cash Register，ECR）输出的关键部件，用于打印销售发票和管理存根。商业企业一般要求双层打印。打印机有字轮打印机、针式打印机、热敏打印机和压感打印机。

（5）显示器：一般有两个，一个是收银员使用的显示器，另一个是提供给顾客用的显示器，这样方便收银员和顾客进行人机对话，多采用荧光数码或液晶数码显示。

（6）钱箱：用于存放收款现金，带有电子控制的开关装置。

（7）ECR 的外部接口：用于连接条形码阅读器、发票打印机、条形码电子秤及通信联网等。不同的收银机可采取不同的外部接口。

（8）权限锁：用于实现权限控制。

（9）ECR 的运作软件：用于销售数据的录入、加工、输出、存储、传送、通信，并对各设备进行管理。

2. 电子收银机的基本结构

电子收银机由条形码阅读器和电子收款机组成，其中电子收款机包括电子收款机键盘、顾客显示器、微型票据打印机、PC 主机箱与显示器、收银钱箱 5 个部分。

（1）条形码阅读器（也称条形码扫描器）：进行商品扫描的机器。条形码阅读器按识别功能划分，主要类型有笔型条形码阅读器、CCD 条形码阅读器、激光枪条形码阅读器、固定式条形码阅读器，条形码阅读器主要类型如图 3-2 所示。

图 3-2　条形码阅读器主要类型

CCD 条形码阅读器、激光枪条形码阅读器工作距离较大，使用自由，小型超市多首选使用。

固定式条形码阅读器因分辨率高、扫描速度快、寿命长等优点而被商场广泛使用。

（2）电子收款机。

① 电子收款机键盘（可编程键盘）：主要类型如图3-3所示。

图3-3　电子收款机键盘（可编程键盘）主要类型

电子收款机基本键：数字键（0～9数字）、运算键、促销控制键（折扣）、付款方式键（现金、支票、外币、信用卡、礼券等）、取消/更正键、交易结束键（小计、合计）等。

电子收款机功能键：部门分类键、锁定密码键、税率计算键、币值交换键、报表打印键、自由设定键等。

资料库3-1　　超市收款机按键功能

② 顾客显示器：面向顾客显示交易的商品品名、价格、总额等信息的仪器。顾客显示器主要类型如图3-4所示。

图3-4　顾客显示器主要类型

在录入商品信息后，顾客显示器显示商品数量及单价。按"总计"键以后，顾客显示器上显示商品总价。在输入顾客所付现金数额并按"现金"键以后，顾客显示器显示找零金额。在关闭状态，顾客显示器上显示"欢迎光临"。

③ 微型票据打印机：用于打印交易文字票据的机器。微型票据打印机主要类型如图3-5所示。

针式小票打印机　　　　　热敏打印机

图3-5　微型票据打印机主要类型

将打印小票固定在打印机送纸器上，按"进纸"键，打印机自动进纸，在打印机停止进纸后，连击"进纸"键几次，将打印小票装好。打印小票内容通常有店名、时间、交易号、收银机号码、商品品名、数量、单价、总价、商品编码或商品条码及收款金额、找零金额等。

④ PC 主机箱与显示器：显示器分为单色显示器和彩色液晶显示器等。显示器主要类型如图 3-6 所示。

⑤ 收银钱箱：是与收款机相连，用来存放现金的扁形金属柜，有电子锁，开关由收款键控制。柜中有若干小格和夹子。收银钱箱主要类型如图 3-7 所示。

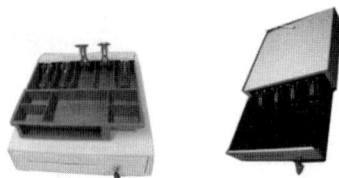

图 3-6　显示器主要类型　　　　　图 3-7　收银钱箱主要类型

二、扫描商品认知

随着连锁企业门店的发展，经营规模的扩大，以及商品种类的丰富，原始的手工结算商品的方法已经无法满足现代商业发展的需要。信息通信及处理技术成为现代连锁企业门店的主要结算手段。

（一）扫描商品概述

收银员每天与顾客直接接触，要求收银员必须提供给顾客高质量的服务，尤其是要提高收银速度。在整个收银操作过程中，提高扫描速度是提高收银速度的重要途径之一，扫描率也是超市考核收银员收银速度的重要指标之一。因此，需要加强对商品扫描的认知与训练，以达到提高收银速度的目的。

1．扫描商品的含义

扫描商品是指收银员用扫描器或手工录入的方式获取商品信息的操作过程。商品扫描是收银过程中必不可少的一个环节。

提问 3-1

提升收银效率

钱程的收银效率不高，心里很着急，通过跟经理沟通，究其原因是她在收银过程中扫描商品的操作不熟练、速度慢且易出错。如果能熟练掌握扫描方法与技巧，就可以大大提高收银效率。那么钱程应该怎么做呢？

钱程应该具备如下知识与技能：

（1）能够复述扫描原则。

（2）掌握扫描的基本操作方法。

（3）熟练掌握商品扫描的操作技巧。

（4）能够快速处理扫描过程中的例外情况。

2．扫描商品的原则

（1）快速原则：以最快的速度将商品进行扫描，包括熟悉一般商品条码印刷的位置、保持印有条码包装面的平整、条码正对着扫描器或扫描枪。快速原则是提高收银速度、衡量收银员素质的重要指标。

（2）无多扫描：保证每件商品只有效扫描一次。多扫描会导致顾客投诉。

（3）无漏扫描：保证每件商品都被有效扫描过，在顾客已付款的商品中，无商品漏扫描或扫描不成功。漏扫描会给超市造成损失，是收银区域防止损耗的重点之一。

（二）扫描商品基本方法与操作步骤

1．扫描商品基本方法

（1）机器扫描：用扫描器或扫描枪进行扫描，准确快速。
（2）人工扫描：对机器扫描多次无效的条码进行手工输入。

2．扫描商品操作步骤

扫描商品操作步骤从微笑服务开始，然后取出购物车（篮）中的商品，再逐一进行商品扫描，最后将扫描过的商品放在另一边或分类装入购物袋。

（三）扫描商品操作要点与技巧

（1）收银员在未接待顾客时应面向正前方规范站立。顾客携带商品前来付款时，收银员应使用礼貌用语并向顾客微笑致意，同时身体半侧转，承接顾客所购商品。承接顾客如图 3-8 所示。

图 3-8　承接顾客

（2）收银员必须熟悉一般商品的条码位置，迅速地把商品条码对准扫描器。注意收银员扫描的是条码的条、空，而非数字。扫描条码如图 3-9 所示。

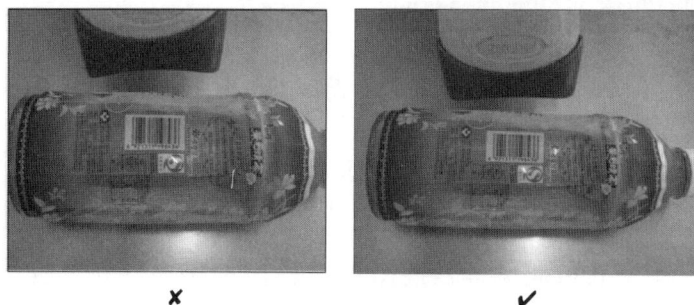

✗　　　　　　✔

图 3-9　扫描条码

扫描条码

37

（3）对于条码有褶皱或不平整的商品，应将条码摊平，然后再进行扫描。摊平有褶皱的条码如图 3-10 所示。

图 3-10　摊平有褶皱的条码

（4）收银员在扫描商品时应将商品从购物篮内取出，不得直接在购物篮内扫描。装在购物篮内的商品应先取出，并有序放置在收银台上（可请顾客取出），然后逐一扫描。扫描商品如图 3-11 所示。

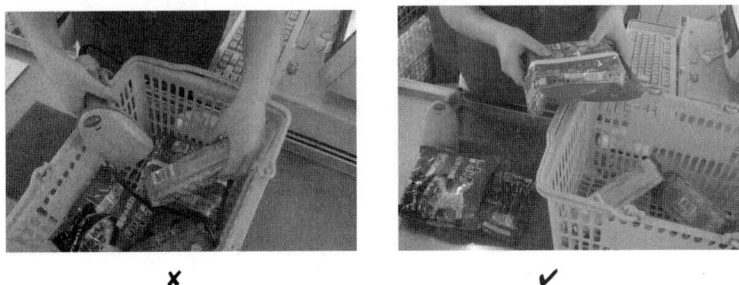

图 3-11　扫描商品

（5）收银员拿取购物篮内的商品时，应先将易碎商品及分量较重的商品取出扫描、装袋，然后将购物篮侧翻，对其余商品进行逐一扫描操作。拿取商品如图 3-12 所示。

图 3-12　拿取商品

（6）收银员对商品扫描前应先查看顾客选购的所有商品，对装袋数量、大小做出大致的判断，然后按类别对商品进行一次扫描。商品分类扫描如图 3-13 所示。

（7）商品在经过固定式条码阅读器有效阅读范围前略做停顿，完成扫描。收银员切勿大幅晃动商品，以避免多扫。

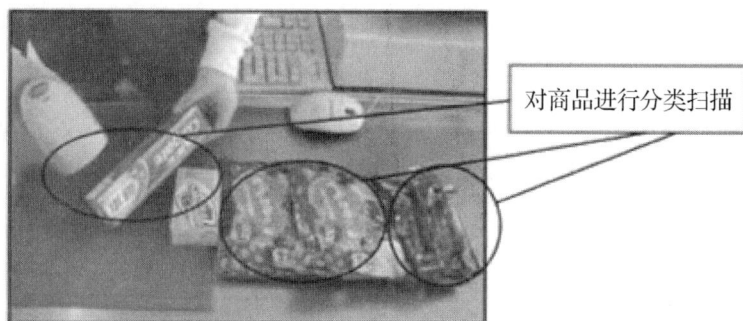

图 3-13　商品分类扫描

（8）扫描时，收银员应注意聆听条码阅读器发出的嘀鸣，声音异常时应查看 POS 机主显示器显示的读码状况，每完成 2～3 件商品（最好扫描一件商品就看一下 POS 机显示器）扫描操作后，收银员应略看 POS 机主显示器上的商品名称、价格、数量是否正确，有疑问应做进一步查看。严禁收银员不看 POS 机主显示器进行连续扫描商品操作，以避免错扫或漏扫现象的发生。

（9）同种商品数量较少时收银员可逐一进行扫描，不得对同一商品连续扫描代替逐一扫描。

（10）商品数量较多时，收银员应键入数量并核对与实物数量是否一致。

（11）对包装相近的商品须辨别清楚，收银员应避免将不同商品误当作同一商品以数量键键入。

（12）对包装在一起的搭送赠品进行扫描时，收银员应避免将赠品条码误当作商品条码扫描。扫描赠品如图 3-14 所示。

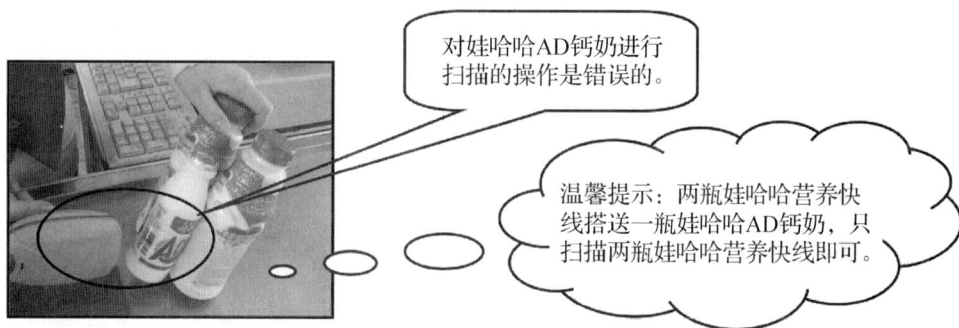

图 3-14　扫描赠品

（13）顾客购买原封整箱商品的，收银员应找到包装箱上内装商品数量说明（规格），对相应单品进行扫描，并以数量键键入。注意保证键入数量及单品取样的正确。

（14）对数量或对应单品不完全确定的，应开箱清点。

（15）顾客购买整件商品，若包装或封条已经拆开或有拆开痕迹，收银员应开箱查看商品并清点数量。对有可疑现象的不透明外包装，收银员可以打开包装查看商品。

（16）经过扫描的商品应放置在收银台出口一侧，与未扫描的商品保持一定的距离，防止重复扫描现象的发生，否则易导致顾客多付款，引起顾客投诉。

（17）对于顾客临时决定不要的商品，收银员应将商品放在收银台指定区域，等待相关工作人员整理。

（18）收银员在扫描商品时应具备一定的防损意识，对某些特殊的商品如化妆品、牙膏等，在扫描完毕后，须打开外包装，与商品实物进行核对。

（19）如果遇到用机器无法进行正常扫描的商品，则须用手工录入商品条码的方式进行商品扫描。

（四）扫描商品例外处理

凡是收银员经过多次机器扫描及手工扫描都不能成功的，都称为例外。扫描商品例外处理是非常重要的，条码不能扫描意味着不能销售，不能销售意味着顾客的需求不能被满足，超市所有人员的劳动不能得到承认。因此，正确地处理扫描商品例外是收银管理人员、现场管理人员重要的、紧迫的工作之一。

1. 扫描商品常见例外

（1）条码失效。

① 分析原因：条码损坏、有污渍、磨损；生鲜条码印刷不完整、不清楚。

② 处理措施：在同样的商品中找到正确的商品条码，用手工扫描方式解决；生鲜条码重新计价印刷。

（2）条码无效。

① 分析原因：编码错误；条码重复使用、假码。

② 处理措施：核实商品的售价，按正确的价格售卖；将例外情况记录下来，通知卖场、电脑部跟踪解决。

（3）多种条码。

① 分析原因：商品的包装改变，如买一送一；促销装商品的赠品条码有效。

② 处理措施：核实正确的条码；由现场跟进所有的非正确条码，必须予以完全覆盖。

（4）无条码。

① 分析原因：商品本身无条码，自制条码脱落；商品的条码丢失。

② 处理措施：找出正确的条码，用手工扫描；由现场跟进剩余商品的条码检查。

2. 商品扫描例外情况的处理方法和程序

（1）收银员的处理方法和程序。

① 收银员必须将条码例外情况向当班收银主管或营运主管报告。

② 对顾客说"对不起"后，先将无例外商品进行结账，并请顾客稍作等候。

③ 当条码问题处理后，优先将例外商品进行结账操作。

（2）收银主管或营运主管的处理方法和程序。

① 接到条码例外报告后，收银主管或营运主管应第一时间直接处理或派人处理。

② 以简单、快速、直接的方式联系现场人员处理。

③ 现场人员接到正确的条码后，迅速反馈给收银员，并向等候的顾客道歉。

④ 收银员将例外记录当日反馈给现场管理层。

三、商品消磁认知

（一）商品消磁概述

消磁是商场和超市一道无形的防盗大门和重要的防盗措施，所有收银人员都必须充分重视。正确地消磁是收银人员的工作内容之一。消磁工作的要求是百分之百的准确性，以减少顾客投诉和出口处稽核员的工作负担。商品消磁具有重要的意义。

消磁系统也就是商品的电子防盗系统，是利用声电、声磁原理所设计的，专门用于商场和超市等经营场所防盗的设备，主要通过系统的特定标签在通过检测装置时发出报警而起到防盗的作用。

1. 商品消磁对象

商品消磁就是对固定在商品上的防盗标签进行解除磁性的操作。销售商品常用的防盗标签分为软标签和硬标签两种。

（1）软标签。

软标签从外形上看就是个纸条，看似一般的价格标签，实际上却是有磁性的防盗标签，所以也称为防盗软标签。软标签如图 3-15 所示。

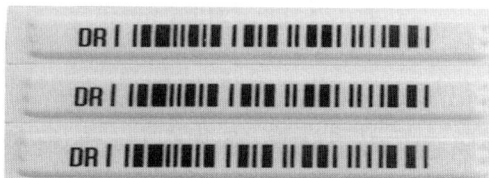

图 3-15　软标签

对于接触式解码设备需要将商品放置在解码器上面方能解码。

软标签的消磁处理需要解码器。解码器又称消磁板，有接触式和非接触式两种。解码器如图 3-16 所示。

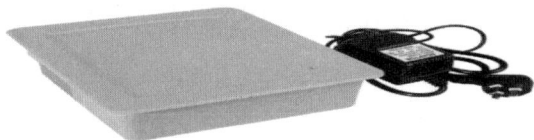

图 3-16　解码器

软标签的特点是一次性、不能循环使用，具有隐蔽性，主要用于保健品、酒类、化妆品、磁带、CD、电池、糖果等商品。软标签的消磁方式是在顾客付款时，由收银员通过收银机的消磁系统消磁，使其报警功能消失。

（2）硬标签。

硬标签是指难以被移走或被破坏的坚固标签，顾客付款后，收银员需使用特定工具如硬标签拔除器、取钉器、开锁器等将硬标签取下并收回。硬标签如图 3-17 所示。

图 3-17　硬标签

硬标签的特点是永久性、可循环使用，不具备隐蔽性，主要用于服装、内衣、皮具、皮鞋、酒类、高档食品等商品。

资料库 3-2　　消磁硬标签的管理

注意：

（1）软标签贴在商品的包装上一定要保持标签的平直，切勿弯曲折叠。如果是弧形商品，如瓶装化妆品或洗涤用品等，可在弧面上垂直粘贴，要注意平整，以保障商品的美观和防盗的功能。

（2）不要把软标签贴在商品或包装上印有重要说明文字的地方，如商品成分、使用方法、警告语、尺寸和条形码、生产日期等。

（3）为防止非法撕去标签，标签采用了黏性很强的不干胶。注意不要贴在皮革商品上，因为如果强行撕去标签，商品的表面可能会受到损坏。

（4）标签不要贴在有金属包装及有磁性的商品上，如罐装奶粉的金属包装、磁带、CD 等。

（5）对于一些高档工艺品或礼品等在不影响防盗效果及消磁的前提下，应尽量将标签放置在商品内部，以不影响美观。

（6）为了不影响商品的品质，标签不能放在食品或是洗涤用品的液体里面。

（7）在不影响销售的前提下，包装应尽可能不损坏。

（8）为了便于消磁，将标签放置在商品的内部时，应有一个共同的参照标志，确保能在消磁板的 5cm 范围内。

（9）如果商品表面对标签黏性不起作用，那就不应该粘贴标签了。

（10）定期对标签做损坏检测，并为损坏的标签换贴，以保障防盗功能不受损害。

2. 商品消磁原则

（1）快速消磁原则：以快捷的速度将每件已经扫描成功的商品进行消磁。

（2）无漏消磁原则：保证每件商品都经过消磁处理，且须确保消磁成功；包括熟悉商品消磁的正确方法和有效的消磁空间，掌握重点消磁的商品。

（3）保护商品原则：进行硬标签手工消磁时，不能损坏商品，应轻取轻拿。

（二）商品消磁操作

（1）所有出售的商品必须经过消磁处理，才能给顾客装袋带走。

（2）使用软标签的商品要将其放置于消磁板上消磁，也可以使用手持式消磁器对其进行消磁。

（3）对于使用硬标签的商品，应将硬标签突出的一端插入开锁器中，然后将硬标签取下，硬标签商品应每扫描一个就取一个硬标签，并将其收好以便再次利用。

（4）对服装类商品进行消磁、取硬标签后，须将商品折叠整齐，这不仅可以提高收银员的服务质量，在一定程度上也能够说明员工训练有素。

（5）取下硬标签后，如顾客不要此商品或欲更换商品时，收银员将商品在收银机上做"更正"或"取消"操作后，及时将硬标签扣回原位。

（6）如顾客因出门报警又返回收银台重新消磁时，收银员必须先查看销售发票或小票，确定该商品是否结账后再进行消磁处理。

（三）消磁作业应注意的问题

（1）只有正在进行扫描收款的当值收银员才能对商品进行消磁作业；只有在顾客购买结算的过程中才可以对商品进行消磁处理。

（2）每天营业前必须检查消磁板是否正常工作。

（3）对收银监察员反映某收银台有消磁不净的问题要及时处理。

（4）应避免将商品和包装袋压在消磁板电源线上，否则容易造成消磁板与电源线因接触不良而导致消磁板断电。

（5）要特别注意体积小、价格高的商品的消磁情况。

（6）特别注意不要将防盗硬标签的钢钉丢弃在地板上，否则容易发生人身伤害事故，由此引发的后果应由肇事者负全部责任。

（7）每天结束收银工作后应关闭消磁板电源。

（四）消磁例外情况

商品经过出口处防盗门时引起报警，称为清磁例外。正确地消磁是非常重要的，否则容易引起顾客的不满，增加了收银稽核人员的工作量与工作难度，妥善地处理好消磁例外是收银管理人员的职责之一。

1. 常见的消磁例外情况

常见的消磁例外有两种情况：一是遗漏消磁，即顾客付款结账的商品在收银台未经过消磁程序；二是消磁无效，这是由于对商品消磁的方法不正确，超出消磁空间而引起的。

2. 对于消磁例外情况的处理

对于消磁例外情况的处理如下：

（1）对于收银员来说，对返回的已结账而未消磁的商品，第一时间进行消磁处理；对顾客和稽核员说"对不起"，表示歉意；记住例外的商品类别，以便下一次能够正确消磁。对于漏消磁的商品必须经过消磁程序，特别是要熟记硬标签的商品类别，然后拿漏消磁的商品重新消磁；对于无效消磁则应结合消磁指南，掌握正确的消磁方法。特别是对软标签的商品应予以熟记，反复多次消磁，直到有消磁回音为止，然后再重新消磁。

（2）对于稽核员来说，对引起的报警要向顾客解释，并快速查找未消磁的商品；如确属于商品未消磁，则征得顾客同意后将商品带回结账收银台进行消磁，提醒收银员要正确执行消磁程序；将已经消磁的商品还给顾客，并道歉；将未消磁的商品进行记录，并及时报告给收银主管。

（3）对于收银主管来说，接到报告后，提醒收银员并做记录，以便处理和分享信息；现场处理因未消磁引起的顾客投诉问题。

收银工作中会遇到很多意外事件，例如，由于消磁处理不当而引起顾客投诉，这时收银员不能与顾客发生争执，首先无论责任在自己还是在卖场或超市的其他工作人员，或是顾客本身，收银员都应保持微笑，表现出服务人员最基本的素质，然后尽量与顾客进行解释，争取获得顾客的谅解。

任务二　透视收银员工作流程

收银员工作质量关系到顾客对超市的满意度和忠诚度。收银工作具有专业性、责任性、熟练性、服务性、规范性的特点，这就要求收银员在收银过程中必须按照收银操作流程进行规范、熟练的操作，从而为顾客提供快捷便利的服务。

一、收银操作流程认知

收银操作流程可按日来安排，每日作业流程可分为营业前、营业中、营业结束后三个阶段，即营业前收银作业、营业中收银作业及营业后收银作业。

二、收银作业操作流程

收银典型案例

（一）营业前收银作业

1. 营业前收银作业操作流程

（1）晨会、礼仪训练，由收银主管主持。

（2）到指定地点领取备用金，并在登记本上签名，兑换充足的零钞，并当面清点确认。

（3）开门营业前清洁、整理收银台和责任区域：收银台、收银机、收银台四周的地面、垃圾桶，整理补充收银台机头架、货架（柜）上的商品。

（4）检查营业用的收银机、验钞机是否正常运行：取下机罩，叠好放在抽屉里。查看开机、热机、日期是否正确，如有异常立即向当班组长或主管汇报。

（5）整理和补充其他备用品，如购物袋（所有尺寸）、吸管（汤匙）、笔、印章、钱箱、暂停服务牌、清洁用品等是否齐全，并注意合理摆放，检查购物袋存量是否充足。

（6）检查仪容仪表：工服是否整洁且符合规定；佩戴好工号牌；发型、仪容是否清爽、整齐，女收银员是否已化淡妆。

（7）确认并熟记当日的变价商品、特价商品、赠品及礼品等促销活动。

2. 营业前收银作业操作要领

（1）收银员上下班和用餐前后均须按要求打卡，记录考勤，未按规范要求打卡将视为缺勤，并扣除相应工资；代其他员工打卡将被视为严重违纪行为。目前，很多超市采用的是指纹打卡机。

（2）收银员上岗前，须按照规范整理好仪容仪表。

（3）收银员上岗前，须参加由收银主管组织的晨会，晨会主要是总结前一天的工作，布置当天的工作，并强调相关注意事项。

（4）在超市，每个收银台都有对应的机台号码，晨会结束后，收银主管安排收银员的收银岗位，收银员须记好要上岗的机台号码，对号上岗。

（5）收银员上岗前，须领用相关的收银用具，这些收银用具包括备用金、购物袋、海绵缸、抹布、打印小票。除此之外，收银员要根据工作需要，自备诸如笔、计算器、夹子等用具。收银用具明细表如表 3-2 所示。

表 3-2　收银用具明细表

收银用具名称	收银用具的作用
备用金	顾客结账时为其找零
购物袋	顾客购买商品较多时，为顾客提供购物袋
海绵缸	收银员手比较干燥时，沾一下海绵缸使手变湿润，可方便数钱
抹布	用于随时清洁收银台
打印小票	为顾客提供购物凭证
笔	做必要的标记或记录相关事宜
计算器	用于计算营业额等相关统计数据
夹子	用于分类存放各种票据或单据

（6）收银员上岗前，须对收银台和责任区域进行清洁整理，包括整理收银机台面、清洁收银机设备、整理收银柜、清洁地板与垃圾桶，还包括收银台前货架的理货工作，即整理补充商品、清洁灰尘、核实价签等。

（7）收银员上岗前，须将领取的收银用具放置在相应的位置，包括将购物袋挂在收银台边缘、将打印小票安装到小票打印机、将备用的打印小票放入收银柜，还包括将海绵缸、抹布、笔、计算器、夹子等放在方便自己使用的位置。

（8）收银员开机后，须检查系统日期、开机状态、收银系统是否正常，并检查扫描设备、消磁设备、刷卡设备等相关收银设备是否处于正常工作状态。

（9）收银员输入自己的工号和密码，登录收银系统。

（10）收银员将领取的备用金整齐有序地放入钱箱中，进入收银界面，等待顾客。

（二）营业中收银作业

1. 营业中收银作业操作流程

（1）输入密码：当班收银员根据自己的工号输入收银机密码。

（2）欢迎顾客：按服务标准迎接顾客。

（3）扫描/检查商品：认真接待每位顾客，准确、快速地逐一扫描商品，并对需消磁的商品进行消磁。

（4）消磁：商场或超市一道无形的防盗大门和重要的防盗措施，所有收银人员都必须充分重视。消磁工作要求百分之百准确。

（5）正确装袋/车：将已经扫描消磁的商品分类装入相应的购物袋或放入购物车内。

（6）合计金额：商品扫描结束确认合计金额，并告诉顾客应付款金额。

（7）收款确认：唱收顾客的钱款，顾客若付现金需辨别钱币的真伪；顾客若使用银行卡付款，则执行银行卡收款程序。

（8）找零（唱收/唱付/唱找）：唱付顾客找零款项，或刷卡结算成功后将卡和收款小票一并递给顾客，提醒顾客拿好商品。

（9）感谢顾客：对顾客予以感谢。

（10）服务下一位顾客。

（11）安排用餐或解款时，应先将"暂停服务牌"放置收银台，然后继续为放置"暂停服务牌"前的顾客结账，且对后面前来结账的顾客致歉并主动介绍到附近收银台结账。

（12）暂时下机：若需暂时下机，在征得领班同意后方可下机；若接到下机通知，服务完最后一位顾客方可离开。

2. 营业中收银作业操作要领

（1）顾客来到收银台前，收银员应及时接待，不得以任何理由拖延顾客，应面带微笑地对顾客说"欢迎光临"。过机前应先询问顾客是否有会员卡，是否需要购物袋及购物袋的型号（大、中、小）。如需要，则取出并迅速将袋口打开，放在收银台上，将商品逐一过机并装入购物袋；如顾客自备购物袋，需询问顾客是否需要帮助将商品装入购物袋。

资料库3-3　　三句话

（2）请顾客将商品放在收银台上。

（3）检查车内是否有遗漏商品。

（4）逐项扫描商品。收银员在进行扫描时，应站姿端正，身体与收银台、收银机保持一定的距离，不许靠在收银台上。商品与扫描器应保持适当的距离，严禁将商品在扫描器上摩擦，或在扫描器上不停地晃动，当听到"嘀"声后，核对商品与电脑显示的品名、规格、单价、数量是否一致。应尽量将放在收银台下面的商品、易碎的商品及顾客（特别是儿童）手中拿着的商品先扫描入机，避免漏输或损坏商品，与顾客沟通时应注意语气和用语，避免引起客户的投诉。

提问 3-2

当电脑显示的商品资料与实际不符时怎么处理

当电脑显示的商品资料与实际不符时，应做如下处理：（1）价格不符时，收银员应立即向收银主管/组长汇报，由收银主管/组长联系卖场或超市相关区域负责人，如果是卖场或超市打错价的，可在卖场或超市和收银部管理人员双方确认后按低标价出售，差价由卖场或超市相关人员负责赔偿。（2）商品品名、规格、条码不符或商品无条码时，应委婉地向顾客解释并及时通知工作人员进行更换。

（5）当扫描不出商品条码时，应快速改用手工输入，不得用不同条码的同价商品代替入机。

（6）商品资料全部输入电脑后，收银员要礼貌地询问顾客是否还有其他商品未扫描，同时要留意顾客手上或身上是否还有商品未扫描。

（7）在未结算前发现输入错误时应快速通知管理人员进行"取消""更正"。

（8）能打开外包装的商品或封口有被开启过的商品必须打开包装进行检查，查看是否有其他不同条码的商品在里面。

（9）消磁工作应在商品资料输入电脑并与实物核对无误后才进行，有硬标签的商品扫描后用解码器取下，有软标签的商品在消磁板上消磁，注意消磁时不要将商品在消磁板上来回摩擦；服装类商品取完硬标签后，应折叠整齐放入购物袋内。整个消磁过程都要注意爱惜商品。

（10）硬标签取下后，如果顾客不要此商品或需更换时，收银员将商品资料取消后，要及时将硬标签扣回原位。

（11）如果顾客出门因报警器响了又返回收银台重新消磁时，收银员须先查看收银小票，确定该商品已经买单后再消磁，并向顾客道歉。

（12）提供装袋服务时，应将生鲜商品、冷冻商品和其他商品分开装入购物袋，应先将大且重的商品放入袋中。装袋要注意将前后两位顾客的商品分开。装好袋的商品集中放在一起交给顾客，易碎商品、大件商品请顾客到指定地点（客服台）进行包装。

资料库3-4　　　　装袋作业操作

（13）将顾客所购买的商品扫描完毕装袋后，按键盘上"合计"总额的功能键，POS机主显示器上会显示结算窗口。收银员按照"结算窗口"上"合计"或"应付"金额必须唱票，对顾客说"一共×××元"。

（14）现金结算时，收银员在键盘上选择现金的付款方式，输入顾客所付的金额，按结算键，POS机主显示器上会显示结算窗口。收银员接过顾客所付的现金，须辨别真伪。经核实后，对顾客说"收您×××元"。收钱和找钱都应点两遍。交易完成后主动将零钱、电脑小票递到顾客手中，并做到唱收唱付。

（15）找零时，将硬币放在纸币上，零钱与小票同时递到顾客手中，同时须对顾客说"找您×××元"，唱票后说"欢迎再次光临"。在收银结算过程中，收银员必须"唱收""唱付""唱找"，这样既体现出对顾客的尊重，更重要的是可以避免失误和纠纷，有效地提高收银效率。现金找零如图3-18所示。

唱收唱付

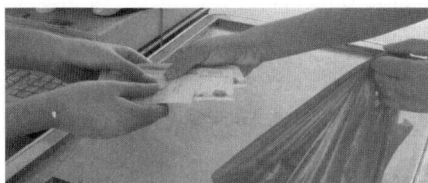

图 3-18　现金找零

（16）银行卡结算时应注意，银行签购单打出后必须核对金额和银行名称，无误后方可交给顾客签名。

（17）购物卡结算时应注意以下几点：

① 刷卡后核对卡与电脑显示的卡号是否一致，并向顾客读出新余额。

② 当购物卡第一次刷卡不能结算时，可再次刷卡。如仍不能结算，须立即报告收银主管或组长。

③ 当收到冻结、挂失、卡号不符的购物卡时，须立即报告收银主管或组长，由客服人员和营运部人员协助处理。

④ 当购物卡失磁时，应请顾客到中控收银台（或客服台）加磁。

（18）挂单商品应及时放在收银台下面妥善保管，待顾客返回后先按挂单键，再将商品放到收银台上。

（19）具备防盗意识：顾客在开单区（专柜）购买的商品离开超市的收银台时，收银员要严格按开单商品、一般商品进出超市的规定执行，发现异常立即报告营运部人员。

（20）开单销售收银员要做到以下几点。

① 交易前，审核票据是否填写正确。审核内容包括：专柜名称、日期、条码（编码）、品名、规格、单位、数量、单价、金额、合计、开单人签名。要求书写端正、清晰、不得涂改。

② 如顾客持多张票据付款，收银员应先将商品最多的一张输入电脑。

③ 将商品条码（编码）输入电脑，核对票据与电脑显示的内容是否相符，若不符要向顾客道歉，并请顾客将票据退回专柜重新开票，同时将卡或钱退回给顾客。

④ 收款后在电脑小票和票据上分别加盖收银专用章，并将电脑小票、票据第二联和第三联、零钱一同交给顾客。

⑤ 顾客持不同专柜的多张票据一起付款时，收银员不得进行分单结算。

（21）收银员在营业过程中，还应养成以下良好习惯：

① 其他收银员正在操作时，无特殊情况不得影响其操作。

② 对面收银员正在接待顾客，而本台无顾客的情况下，可以帮助其留意收银通道或者留意是否有商品漏输等一些操作失误现象。如有应及时提醒。

③ 所有营业款、备用金应全部放在收银机的钱箱内，不得放在其他地方（如抽屉等），严禁将营业款带出卖场。

（22）商品的正常折让由电脑自动执行，其他由授权人参照商场或超市规定办理。

（23）营业中遇到电脑故障无法自行处理时，应立即通知收银主管或组长，由电脑部人员处理。

（24）当班期间妥善保管好收银台的配套物品，离开收银台时应使用"加/解锁"键将键盘锁住，锁好钱箱和办公用品，拉好围栏，摆"暂停服务"牌，并告知收银主管/组长后方可离开。

（25）交接班应注意以下几项：

① 交班人向顾客解释"对不起，我们正在交接工作，请稍候"，然后迅速将营业款、卡等放入钱袋，退出自己的工号（密码），接班人输入自己的工号（密码），放入备用金，核对工号后立即收银。收银员交接班表如表3-3所示。

表3-3 收银员交接班表

编号：　　　　　　　　　　　　　　　年　月　日

收银机编号	交班收银员	接班收银员	实收营业额	应收营业额	差　额
盈余或短缺原因					
备　注					

审核人：

② 相邻的收银台应注意轮流交接。

③ 交接应在一笔交易完成后进行，不能在交易中途交接。

（三）营业后收银作业

1. 营业后收银作业操作流程

（1）暂停收银：交接班时，放置"暂停收银"牌，向走近的顾客说"对不起，先生/女士，这台收银机很快就要关闭了，请到附近收银台付款。"如果临近闭店时间，还有顾客未结账，收银员应继续为其提供服务。

（2）班结程序：请收银员执行班结程序，打印班结清单。

（3）退出系统：退出收银机收款系统。

（4）现金/凭证票据：提交给现金室的单据包括现金、信用卡/银行卡单、电脑小票、班结清单及各种抵价券。营业结束后，收银员应将收银机里所有的现金、购物券、单据收回金库并放入超市指定的保险箱内，收银机的抽屉必须开启，直至次日营业开始。

（5）现金室：将现金袋安全护送到现金室，并予以登记。

（6）归还办公用品：将借出的设备、用具归还现金室。

（7）关闭电源：关闭收银机电源并盖上防尘套。

（8）区域清洁整理：清洁收银机、收银台、收银柜及周围区域，并协助现场人员处理善后工作。

2. 营业后收银作业操作要领

（1）带好备用金、营业款及各类单据到指定地点作单，营运部必须安排营运部工作人员将收银员备用金、营业款统一用收款袋收集，收银员列队后由营运部工作人员携带收款袋带队至统计室。

（2）按商场或超市规定的金额留存备用金，点备用金时，首先从面额最小的开始点起，点完后要复核一遍。

（3）按规定格式填写现金缴款单，要求字迹工整清晰，不得涂改。

（4）填写现金缴款单时，应将现金全部点完并整理好，复核一遍后，再根据现金面额逐一填写缴款单。填写完毕后，复核缴款单的小计、合计金额是否正确，然后用计算器直接将现金加一遍，并与缴款单的合计金额核对，最后再检查一遍缴款单内容是否填写完整。确认无误后将现金缴款单的第二联与营业款装入现金袋内并锁好。

（5）将收回的购物卡及银行单据用橡皮筋扎住后放入卡袋，以避免流失，各类单据与回收的购物卡一起装入卡袋内。

（6）带好现金缴款单、备用金、营业款、卡袋到指定地点，在登记本上签名后，交收银主管签收，将备用金有序地放入保险柜内。

（7）要自觉维护做单区的环境卫生，做完单后，要及时将办公用品放回到各收银台。

（8）晚班收银员须待顾客全部离开商场或超市后方可退出工作状态，再按规定关机，锁好收银专用章及办公用品，交出钥匙。

（9）做好收银台及收银台陈列商品、周围环境的整理和卫生清洁工作。

三、收银作业管理的重点

由于收银工作对超市的经营十分重要，对收银员作业的管理最好细化到收银员作业流程的每个作业程序乃至每个动作、每句用语，确定对收银员作业管理的重点是十分重要的。

（一）严明收银员的作业纪律

作为与现金直接打交道的收银员，必须遵守严明的作业纪律。

（1）收银员在营业时身上不可携带现金，以免引起不必要的误会及可能产生的公款私挪现象。

（2）收银员在进行收银作业时，不可擅离收银台，以免造成钱币损失，或引起等候结算顾客的不满与抱怨。

（3）收银员不可为自己的亲朋好友结算收款，以免引起不必要的误会及可能产生的借用收银职务之便，以低于原价的收款登录至收银机，以企业利益来图利于他人私利，或可能产生的内外勾结的"偷盗"现象。

（4）收银员不可在收银台上放置任何私人物品。因为收银台上随时有顾客购买的商品，或临时决定不购买的商品，如果私人物品也放在收银台上，容易与这些商品混淆，引起误会。

（5）收银员不可随意打开收银机抽屉查看数字和清点现金。随意打开抽屉既会引人注目并引起不安全因素，也会使人产生对收银员营私舞弊的怀疑。

（6）未启用的收银通道必须用链条拦住，否则会使个别顾客趁机不结账就将商品带出超市。

（7）收银员在营业期间不可看手机或谈笑，要随时注意收银台前和视线所见的卖场或超市内的情况，以防止和避免不利于卖场或超市的异常现象发生。

（8）收银员要熟悉卖场或超市上的商品，尤其是特价商品，以及有关的经营状况，以便顾客提问时随时做出正确的解答。

（9）离开收银台时，要将"暂停收款"牌放在收银台上；用链条将收银通道拦住，将现金全部锁入收银机的抽屉里，钥匙必须随身带走或交值班班长保管；将离开收银台的原因和回来的时间告知值班班长或临近的收银员。离开收银机前，如还有顾客等候结算，不可立即离开，应以礼貌的态度请后来的顾客到其他的收银台结账，并为等候的顾客结完账，然后锁屏，方可离开。

（二）收银员离开收银台的作业管理

当收银员由于种种正常的原因必须离开收银台时，其作业程序控制如下。

（1）离开收银台时，要将"暂停收款"牌放在收银台上。

（2）用链条将收银通道拦住。

（3）将现金全部锁入收银机的抽屉里，钥匙必须随身带走或交值班长保管。

（4）将离开收银台的原因和回来的时间告诉临近的收银员。

（5）离开收银机前，如还有顾客等候结算，不可立即离开，应以礼貌的态度请后来的顾客到其他的收银台结账，并为等候的顾客结完账后方可离开。

（三）结算作废的处理

（1）每发生一张作废结算单，必须立即登记在作废结算单记录本上，作废结算单上必须有顾客的签名，作废结算记录本上必须有收银员和店长的签名。作废结算记录本的格式为一式两联，一联随同作废结算单转入会计部门，另一联由收银部门留存，必须是一个收银员一本，以考核收银员的差错率等情况。

（2）如因作废结算记录本遗失而不能办理结算单作废的，应视收银员的收银短缺，由收银员自己负责，这样可以防止收银员以作废结算记录本遗失为由，营私舞弊。如遇到特殊情况可以补领。因此，作废结算记录本最好是在收银员下班后交专人保管。

（3）所有作废结算单都应按规定的手续办理，必须在营业结总账之前补办，不能在结总账之后补办，这是收银员可能发生不良行为的补漏手续，要予以重视。

（4）如一笔收款结账有多张结算单，只要其中有一张发生错误，应将其余的结算单一起收回办理作废手续。

（四）收银服务禁忌

1. 忌带个人不良情绪上岗

上岗前一定要调整好心情，要热情微笑服务，可以对着镜子多加练习。不可以绷着脸、无精打采地接待顾客，甚至将不良情绪发泄到顾客身上。

2. 忌服务冷淡

收银时如果出现电脑价与标价不符，首先要向顾客道歉，立即通知相关人员查证处理，并请顾客稍等。禁忌对顾客说"你自己去找服务台。"

3. 忌对顾客表现出不信任

如果顾客用婴儿车推着孩子，忌明显地检查婴儿车内是否夹带商品，可以在很自然亲近孩子的时候顺便检查。同时可以说"您的宝宝很可爱啊"，这样做会让顾客觉得亲近。

4. 忌急着为自己辩解

当产生矛盾时，收银员忌急着为自己辩解，指责顾客的不对更为不妥。可以对顾客微笑说"非常抱歉，我马上为您解决这个问题，请稍等。"要礼貌地为顾客解释原因，快速解决问题。

5. 忌硬性推销促销商品

可以在结账的过程中向顾客介绍一下促销商品，如果顾客表现出对促销商品不感兴趣并表示拒绝时，不可以强求顾客购买，否则会让顾客产生厌烦情绪。

6. 忌再三向顾客索要零钱

每位收银员都遇到过缺零钱的情况，结账的时候要主动问顾客是否有零钱，当顾客说没有零钱时，收银员应该快速结账，即使看见顾客有零钱也不可以继续缠着顾客，或许顾客需要零钱坐车。

7. 忌收到假币时直接对顾客说

收银员发现顾客使用小面额的假钞时，要礼貌地对顾客说"您好，请换一张"，收银员禁忌直接对顾客说"这是假钱，换一张。"如果顾客使用的是百元假钞并且在更换后仍然是假钞，就要马上通知防损员处理。假币的没收权属于银行、公安和司法部门。

8. 忌没有对顾客说明情况就回收卡

有些卖场或超市规定当购物卡余额为零或购物卡余额不足一定数额时要回收卡，在结算时一定要向顾客说明，并提醒顾客一次性消费完，切忌回收卡后再向顾客说明，以防激怒顾客。

9. 忌有顾客排队时下机

有顾客排队时，收银员不可以随便下机，要到收银台前没有顾客时才可以下机。如确实需要下机时，可以提前向后面排队的顾客说明情况，引导顾客到其他收银台结账。

四、赠品处收银员的工作

为了促进商品销售，大多数商家会搞一些促销活动，诸如有奖购物、买一赠一等活动，对一次购物达到一定金额的顾客给予奖品或赠品。对于奖品或赠品的发放和管理，大型商场、超市一般由服务台的工作人员负责，而小型超市则由收银员负责。

（一）营业前的工作要求

（1）按交接班簿上的记录清点赠品或奖品的数量，发现异常情况立即上报收银班（组）长；对各种奖品或赠品进行整理，每个奖品必须与相应的兑奖票一一对应。

（2）检查营业设备、工具的情况，并把前一营业日的"兑奖日报表"交予财务部人员。

（二）营业中的工作要求

（1）热情接待前来兑奖的顾客，当顾客兑奖时，应将其交来的兑奖票放入票机数票，数票完毕后将票数报给顾客，并询问其兑换哪种奖品。

（2）根据顾客所选的奖品开具兑奖单，请顾客签名后发放奖品，按顾客的要求为其包扎礼品，并退回多余的兑奖票。

（3）在已兑奖的奖票上画线，以示作废，并放在指定地点，保存至规定的销毁时间。奖品数量不足时，及时向分管经理申请调拨，并按调拨程序到相应的柜组办理奖品调拨手续。

（4）新到的奖品应及时摆放到奖品陈列柜上，并摆放好相应的兑奖票数标牌，要求与奖品一一对应。

（5）按《赠品管理规定》领取、发放赠品，做好赠品的日常管理工作。向顾客做好促销宣传和解释工作，并跟踪赠品的存货数。赠品的存货量不足时，要及时向有关柜组反馈信息。

（三）营业后的工作要求

（1）根据当日的兑奖情况填写"兑奖日报表"，并将余下的奖品整理好。
（2）清点剩余赠品的数量，做好交接班工作。

任务三　主要收银业务操作

一、现金收银业务操作

在收银员收款的工作中，虽然有多种形式，但现金收款方式不可或缺，现金收款包括人民币、外币，其中外币只接受企业规定的外币币种，是各商场、超市前台收银的最主要的收款业务。

（一）现金收银业务流程

现金收款方式的操作流程主要包括收款、验钞、打单和找零四个环节。

1. 收款

收银员在收付款时，应做到唱收唱付。例如，收银员在收到顾客给的 100 元钱时，应该大声说："收您 100 元。"

2. 验钞

收银员在收款时要仔细检查所收现金的真假，尤其是 100 元、50 元的大钞，要严格按照验钞方法进行识别。验钞方法有眼看、手摸、耳听、机器检测等，通过这些方法基本上能发现假钞。目前常见的假钞主要是以 HD90、HB90、TJ38 打头的百元大钞。当发现假钞时，要做好处理措施，主要包括：

（1）如果确认是假钞，请求顾客更换。
（2）收银员不能做最后判断时，请求收银主管的帮助。
（3）对于残损钞，应礼貌地请求顾客更换，并告诉顾客到银行进行兑换。
（4）如果属于不影响币值的残损钞，可考虑接受。
（5）遇到疑惑货币时，可到银行要求鉴别。

3. 打单

收银员在收款、验钞后，输入所收金额，然后把顾客所购商品的销售小票打印出来，称为打单。

4. 找零

要按收银机计算的余额找零，并且正确清点现金。找零时，应按最大面值的现金组合，以节约零钞。例如，找 65.5 元，零钱的组合应为 1 张 50 元、1 张 10 元、1 张 5 元、1 张 5 角纸币或硬币。此时，可根据收银机所备零钱的种类决定。找零时，应坚持唱付原则，必须大声地说"找您×××元"，还应亲自把零钱和销售小票递到顾客的手中，不能放在购物袋或收银台上。

操作步骤：扫描→唱收现金→清点现金并鉴别真假→选择现金付款方式→输入所收金额→打单→找零。

（二）现金收银业务应注意的问题

（1）要提前半小时换好工作装。

（2）在班长的带领下到现金房领取备用金。

（3）收银员在班长在场的情况下清点备用金（按"币种明细表"清点）。

（4）确认无误后，在相应的栏内画"√"，确认签字。

（5）在班长的带领下返回卖场，做早礼和开店前的准备工作。

（6）进行收银台的区域整理→开启收银机→备品的整理。

（7）对顾客不要的购物小票要当场撕毁，不得保留。

（8）对重扫商品，必须由班长、经理进行取消。

（9）交接班时看一下收银机、抽屉及周围是否有忘记回收的现金。

（10）收银员下台后把现金拿到现金房，填写"币种明细表"（不得留取备用金），在班长的监督下签字确认后，交给现金房。

（11）收银员不得到现金房兑换零钱，由班长兑换零钱。

（12）晚班收银流程同上。

（13）晚班员工要做到下台前关闭机器，关掉电源，方能到现金房兑款。

注：每天重复领备用金时，收银员手中不得留备用金（以防作弊）。

二、银行卡收银业务操作

（一）银行卡的概述

1. 银行卡的含义与分类

（1）银行卡的含义。

银行卡是指由商业银行（含邮政金融机构）向社会发行的具有消费信用、转账结算、存取现金等全部或部分功能的信用支付工具。

在外形上，银行卡大小如同身份证，一般用特殊的塑料制成，正面上印有特别设计的图案、发卡机构的名称及标识，并有用凸字或平面方式印制的卡号、持有者的姓名、有效期限等信息；卡片背面则有用于记录有关信息的磁条、供持卡人签字的签名条及发卡机构的说明等。

（2）银行卡的分类。

银行卡按清偿方式不同分为信用卡和借记卡，其中信用卡包含准贷记卡（可透支）和贷记卡（可透支），借记卡不可透支。

信用卡与借记卡从外观上的区分：如卡片正面印有天坛（中国银联标识）、鸽子（VISA 标识）或地球（MASTER 标识）的全息激光防伪标志，以及有效期、凸印卡号、持卡人姓名（用拼音或英文字母表示）的，为信用卡，否则为借记卡。银联信用卡如图 3-19 所示。

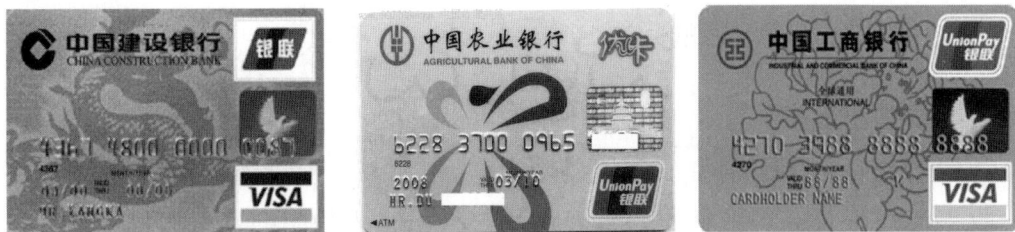

图 3-19　银联信用卡

银联借记卡如图 3-20 所示。

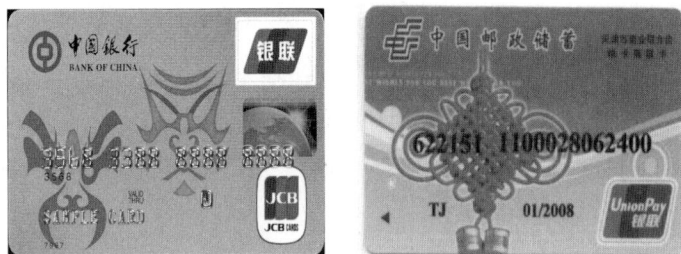

图 3-20　银联借记卡

2. 银行卡的功能和特点

（1）银行卡的功能。

① 能减少现金货币的使用。

② 能提供结算服务，方便购物消费，增强安全感。

③ 能简化收款手续，节约社会劳动力。

④ 能促进商品销售，刺激社会需求。

（2）银行卡的特点。

① 银行卡是当今发展最快的一项金融业务之一，它是一种可在一定范围内替代传统现金流通的电子货币。

② 银行卡同时具有支付和信贷两种功能。持卡人可用其购买商品或享受服务，还可通过使用信用卡从发卡机构获得一定的贷款。

③ 银行卡是集金融业务与电脑技术于一体的高科技产物。

（二）银联卡的操作

银联卡就是有银联标志的银行卡。银联卡的显著标志是上面有"银联"标识。"银联"标识以红、蓝、绿3种不同颜色银行卡的平行排列为背景，衬托出白色的"UnionPay"英文和"银联"中文造型。2003年3月，中国人民银行发布了《关于统一启用"银联"标识及其全息防伪标志的通知》。该通知规定：各商业银行发行的限国内通用的银行卡，必须在卡正面右下方指定位置标注统一的"银联"标识；可在国内外通用的"双账户"银行卡，必须在卡正面右上方指定位置标注统一的"银联"标识。

银联卡有银联借记卡和银联信用卡之分。由于银联借记卡和银联信用卡在操作要求及审核内容上有所区别，因此，收银员在受理银联卡时，应认真仔细辨认，并准确区分具体卡种。

1. 银联借记卡的操作流程

银联借记卡的操作流程有以下几个方面：

（1）持卡人将借记卡和购物小票交给收银员。

（2）收银员根据顾客购物金额在 POS 机上刷卡。

（3）提请顾客输入借记卡的密码。

（4）如密码正确，则打印签购单；密码连续三次输入不正确，请顾客另选结算方式进行结算。

（5）刷卡操作完成后，收银员要向顾客开具收款凭证、打印小票或销售发票。

（6）把签购单回单、借记卡和购物小票退还持卡人。

2. 银联信用卡的操作流程

（1）持卡人将本人身份证、信用卡和购物小票同时交给收银员，彩照卡不用提供身份证。

（2）收银员一定要检查该信用卡是否已经挂失，如果已经挂失，应立即依法停止使用该信用卡结算，请顾客另选结算方式进行结算。

（3）收银员根据顾客购物金额在 POS 机上刷卡。

（4）收银员将签购单交给持卡人签字，并仔细核对签购单签名字体是否与信用卡背面预留签名相符。

（5）刷卡操作完成后，收银员要向顾客开具收款凭证、打印小票或销售发票。

（6）把签购单回单、信用卡、身份证和购物小票退还持卡人。

与一般银行卡相比，银联卡具有更强大的功能：可在全国5万多台 ATM 自动柜员机上使用，可在30多万台 POS 机上消费，这为持卡人在商务活动、外出旅游、购物消费时提供了极大的方便。在发展较快的城市，持卡人还可以享受到跨行转账、利用手机进行移动支付、缴纳各种费用、网上支付等特色服务。目前银联卡已经走出国门，可以在20多个国家的 POS 机和40多个国家的 ATM 自动柜员机上使用。

（三）收银员对银行卡的处理权限

在受理银行卡的交易过程中，收银员刷卡完毕后不得将卡片立即交还给持卡人，应一直持有卡片，待核对签名完毕后才能将卡片交还。严格核对签名是风险防范的重要环节，应注意的事项：一是签名内容相符；二是签名使用的字体大致相符。如发现卡背面签名及字迹与签购单上签名及字迹明显不符、交易签购单上无持卡人签名等情况，发卡行有权对交易进行拒付，相关损失将由商户承担。

收银员对以下银行卡有权拒绝受理：

（1）持卡人所持信用卡的颜色、图案和标识与相应银行卡不相符。

（2）已经超过有效期的卡片。

（3）剪角、打孔或毁损的废卡，或有明显标记的"样卡""测试卡""专用卡""VOID"字样。

（4）卡背面中文签名与卡面凸印的持卡人汉语拼音名明显不符的卡。

（5）卡背面签名及字迹与签购单上的签名及字迹明显不符的交易。

（6）挂失的信用卡。

（7）卡面凸印卡号的前四位数字与上方或下方平面印刷的微型四位数字明显不一致的伪卡或假卡。

（8）持卡人性别与卡面凸印的 MS 或 MR 不相符，对于照片卡，持卡人的照片与本人不符的。

（四）银行卡收银业务中应注意的问题

（1）顾客应对各类签购单据、交易数据及与交易相关的原始凭证等至少保存 2 年（24 个月），以便持卡人及发卡行在此期间进行查询和调单等，防止因商户对单据、数据和凭证保管不当或遗失而造成经济损失。

（2）收银员在收银工作中如遇到持卡人要求刷卡套取现金时，应予以拒绝。

（3）若持卡人要求分单刷卡或有意分单刷卡，收银员必须拒绝。同一时间、同一柜台、同一张卡如果发生两笔或两笔以上交易时，应取消前面的交易，合并为一笔交易刷卡。如发现有意分单受理，则只能保留其中一笔交易，其余交易退单。

（4）收银工作中如发现持卡人持他人的银行卡或身份证件消费时，收银员必须拒绝。信用卡消费要求本人持自己的身份证件、信用卡并亲笔签名才有效。

三、支票收银业务操作

顾客有时会采用支票结算，在大型商场或超市等零售企业一般设有专人负责支票的收银业务。支票结算一般用于一次采购数量多、金额大的货物。收银员不仅要掌握支票的有关知识，还必须掌握支票收银业务操作。

（一）支票的概念及种类

支票是出票人签发的、委托办理支票存款业务的银行在见票时无条件支付确定的金额给收款人或者持票人的票据。

支票分为现金支票、转账支票和普通支票。现金支票只能用于支取现金；转账支票只能用于转账；普通支票既可用于支取现金，也可用于转账。在普通支票左上角划两条平行线的，为划线支票，划线支票只能转账，不能支取现金。支票的主要类型如图 3-21 所示。

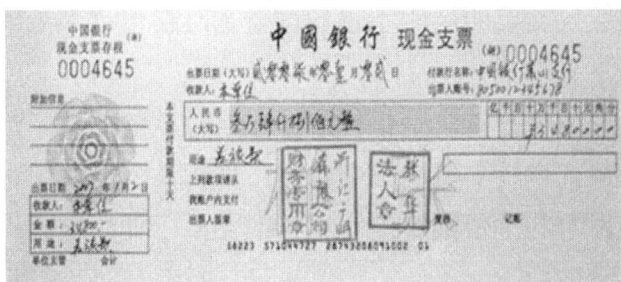

现金支票

转账支票

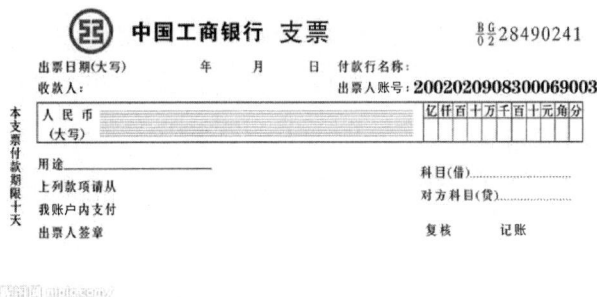

普通支票

图 3-21　支票的主要类型

按照规定，凡是在银行开立账户的公司、事业单位和机关、团体、部队、学校、个体经营户以及单位所属机构等，其在同一城市或票据交换地区的商品交易、劳务供应、债务清偿和其他款项结算等均可使用支票。2007 年 7 月 8 日，中国人民银行宣布，支票可以实现全国范围内互通使用。

（二）支票签发的有关规定

（1）签发支票必须记载下列事项：

①表明"支票"的字样；②无条件支付的委托；③确定的金额；④付款人名称；⑤出票日期；⑥出票人签章。欠缺记载上列事项之一的，支票无效。支票的付款人为支票上记载的出票人开户银行。

（2）支票的金额、收款人名称，可以由出票人授权补记。未补记前不得背书转让和提示付款。

（3）签发现金支票和用于支取现金的普通支票，必须符合国家现金管理的规定。

（4）支票的出票人签发支票的金额不得超过付款时在付款人处实有的存款金额。禁止签发空头支票。

（5）支票的出票人预留银行签章是银行审核支票付款的依据。银行也可以与出票人约定使用支付密码，作为银行审核支付支票金额的条件。

（6）出票人不得签发与其预留银行签章不符的支票；使用支付密码的，出票人不得签发支付密码错误的支票。

（7）出票人签发空头支票、签章与预留银行签章不符的支票、使用支付密码的地区支付密码错误的支票，银行应予以退票，并按票面金额处以 5%但不低于 1 000 元的罚款；持票人有权要求出票人赔偿支票金额 2%的赔偿金。对屡次签发的，银行应停止其签发支票。

（8）支票的提示付款期限自出票日起 10 日，但中国人民银行另有规定的除外。超过提示付款期限提示付款的，持票人开户银行不予受理，付款人不予付款。

（9）签发支票应使用碳素墨水或墨汁填写，中国人民银行另有规定的除外。

（10）持票人可以委托开户银行收款或直接向付款人提示付款。用于支取现金的支票仅限于收款人向付款人提示付款。持票人委托开户银行收款的支票，银行应通过票据交换系统收妥后入账。持票人委托开户银行收款时，应做委托收款背书，在支票背面"背书人签章"栏签章，记载"委托收款"字样、背书日期，在"被背书人"栏记载开户银行名称，并将支票和填制的进账单送交开户银行。持票人持用于转账的支票向付款人提示付款时，应在支票背面"背书人签章"栏签章，并将支票和填制的进账单交送出票人开户银行。收款人持用于支取现金的支票向付款人提示付款时，应在支票背面"收款人签章"处签章，持票人为个人的，还需交验本人身份证件，并在支票背面注明证件名称、号码及发证机关。

（11）出票人在付款人处的存款足以支付支票金额时，付款人应当在见票当日足额付款。

（12）存款人领购支票，必须填写"票据和结算凭证领用单"并签章，签章应与预留银行的签章相符。存款账户结清时，必须将全部剩余空白支票交回银行注销。

（三）支票的填写

（1）出票日期（大写）。

票据的出票日期必须使用中文大写，大写数字写法是：零、壹、贰、叁、肆、伍、陆、柒、捌、玖、拾。

为防止变造票据的出票日期，在填写月、日时，月为壹、贰和壹拾的，日为壹至玖和壹拾、贰拾和叁拾的，应在其前加"零"；日为拾壹至拾玖的应在其前加"壹"。如2月12日，应写成零贰月壹拾贰日；10月20日，应写成零壹拾月零贰拾日。

（2）收款人。

① 现金支票收款人可写为本单位名称，此时现金支票背面"背书人"栏内加盖本单位的财务专用章和法人章，之后收款人可凭现金支票直接到开户银行提现金。由于有的银行各营业点联网，所以也可到联网营业点取款，具体要视联网覆盖范围而定。

② 现金支票收款人可写为收款人个人姓名，此时现金支票背面不盖任何章，收款人在现金支票背面填写身份证号码和发证机关名称，凭身份证和现金支票签字领款。

③ 转账支票收款人应填写为对方单位名称。转账支票背面本单位不盖章。收款单位取得转账支票后，在支票背面"背书人"栏内加盖收款单位财务专用章和法人章，填写好银行进账单后连同该支票交给收款单位的开户银行，委托银行收款。

（3）付款行名称、出票人账号。

付款行名称、出票人账号为本单位开户银行名称及银行账号，例如，付款行名称：建行高新支行南湖大路分理处，出票人账号：1302027409900099999。

（4）人民币（大写）：数字大写写法：零、壹、贰、叁、肆、伍、陆、柒、捌、玖、亿、万、仟、佰、拾。注意："万"字不带单人旁。例如：

① 人民币389 546.52的大写写法：叁拾捌万玖仟伍佰肆拾陆元伍角贰分。

② 人民币532.00的大写写法：伍佰叁拾贰元整，"整"写为"正"字也可以，不能写为"零角零分"。

③ 人民币425.03的大写写法：肆佰贰拾伍元零叁分。

（5）人民币小写：最高金额的前一位空白格用人民币符号"￥"填充，数字填写要求完整清楚。

（6）用途：

① 现金支票有一定限制，一般填写"备用金""差旅费""工资""劳务费"等。

② 转账支票没有具体规定，可填写如"货款""代理费"等。

（7）盖章：支票正面盖财务专用章和法人章，缺一不可，印泥为红色，印章必须清晰，印章模糊的只能将本张支票作废，换一张重新填写、重新盖章。反面盖章与否，见"（2）收款人"。

需要注意的是：

① 支票正面不能有涂改痕迹，否则本支票作废。

② 受票人如果发现支票填写不全，可以补记，但不能涂改。

③ 支票的有效期为10天，日期首尾算一天，节假日顺延。

④ 支票见票即付，不记名。（支票丢失，银行不承担责任。现金支票一般要素填写齐全，如果支票未被冒领，可到开户银行挂失；转账支票如果支票要素填写齐全，可到开户银行挂失，如果要素填写不齐，可到票据交换中心挂失。）

⑤ 如果出票单位现金支票背面印章盖模糊了，可将模糊印章打叉，重新再盖一次。

⑥ 收款单位转账支票背面印章盖模糊了（票据法规定是不能以重新盖章方法来补救的），收款单位可带转账支票及银行进账单到出票单位的开户银行去办理收款手续（不用付手续费），俗称"倒进"，这样就不用到出票单位重新开支票了。

（四）支票收银业务操作流程

支票收银业务的流程是：收到支票—审核支票—审核证件—打印小票—开具发票。

1. 收到支票

收银员收到付款方交来的支票。

2. 审核支票

收银员在受理支票结算时，应该根据《中华人民共和国票据法》的规定对支票进行审核。具体要求如下：

（1）审核事项。要审核有效期、限额、印签、开户行账号及有效证件，支票不允许折叠。

（2）记录持票人的有关资料。要将顾客姓名、有效证件号、联系电话填写在"背书"栏右边的空白处。

（3）登记事项。支票结算完毕后，将支票号码、单位名称、购物金额登记在缴款单上，按要求及时传递，并由收票人签收。

（4）注意支票的有效期。支票的有效期为 10 天，从票面日期的次日起算，到期日遇节假日，有效期依次顺延，但如果节假日在票面日期与到期日之间，则不能顺延支票有效期限。

（5）不受理内容填写不全的支票。在审查支票内容时，要特别注意大小写金额是否相符，金额的中文数字是否正确。同时，要注意大写金额应顶格写，小写金额前要写人民币符号"¥"。在审查支票内容时，还应特别注意支票上是否加盖付款人的印章。

（6）预防空头支票。收银员收到了买方交来的支票，并不一定意味着就收回了货款，要谨防对方提供的支票是空头支票或者加盖的图章与预留银行印鉴不符的情况。

3. 审核证件

验证持支票者身份证与工作证是否真实。

4. 打印小票

支票审查填写完毕，应为顾客打印电脑小票。

5. 开具发票

企业、事业单位的顾客，其回到单位需要发票记账，所以要为顾客开具并打印发票。开票时要注意：

（1）收银台或客户服务中心只能给客户开具普通销售发票，增值税专用发票由财务部门开具。

（2）填开发票时，必须顺号使用，不能跳号开发票。

（3）开发票时，应该按顾客所购商品的实际品名、金额、数量填写，不能虚开发票，不开空白发票。

四、PC-POS 电子收银业务操作

（一）PC-POS 电子收银机的功能

电子收银机是零售业或酒店（饭店）等服务业处理柜台业务的多功能计算机。由于不同型号的电子收银机操作方法各异，在此以基于 PC 的电子收银机或 PC-BASE（智能型的真正意义的 POS 系统收银机，也称为 PC-POS 电子收银机）为例，介绍以下几项基本功能。

1. 收银机交易功能

PC-POS 电子收银机与其他收银机一样，首先具有收银机的各项交易操作、收据打印、一般销售报表打印等功能，这些功能的完成均由 PC-POS 电子收银机的前台销售系统完成。

2. POS 系统的后台数据管理功能

PC-POS 电子收银机还具有 POS 系统的后台数据处理功能，用来提供各种管理信息，完成商品的进、销、存、退的各项管理工作，打印输出各种需要的规范报表，这些功能的完成均由 PC-POS 电子收银机的后台销售系统完成。

3. PC 机功能

有的 PC-POS 电子收银机使用收款操作与 PC 机操作分开的键盘，当使用 PC 机键盘时，可以完成 PC 机所具有的各种操作功能，如文件管理、程序设计、文字处理等工作。

4. 联网功能

一般情况下，PC-POS 电子收银机不仅可单机使用，还可联网使用。

（二）POS 收银机操作流程

1. 开机

打开收银机的电源开关，等待机器启动，直到出现"员工登录"窗口。

2. 登录

在"员工登录"窗口，输入正确的员工号，按"Enter"键，输入口令后再按"Enter"键，如果口令正确即可进入正常收银界面。

3. 输入交易明细

在"销售"窗口明细"货号"栏输入商品代码（可以采用条码扫描、键盘输入和热键三种方法）。如果没有此商品，则不显示该商品的名称等信息，且光标停留在"货号"栏中；如存在此商品信息，则将显示出该商品的名称、单价等信息。如要修改，则可以使用箭头键，将光标移动到需要修改的明细上，直接进行修改。按"现金"键或"总计"键，进入交易开票界面。

4. 交易开票

进入交易开票界面后，屏幕右上角第二行将显示当前交易的"应收"金额，在"预付"金额栏中输入顾客所付的金额，按"Enter"键后显示"应找"金额，再按"确定"键，钱箱自动弹开，找零确认后打印小票，当前交易完成。

5. 挂单取单

将需挂单顾客所购商品录入完毕后，按"挂单"键即可。当挂过单的顾客重新结账时，按"取单"键即可。

6. 退出

在"销售"窗口，按"Enter"键（或"1"）表示确认，即退回到"员工登录"窗口，等待下一个员工登录。

7. 关机

如当前在"销售"窗口，则按前条所述退出。如在"员工登录"窗口，按"退出"键，屏幕上会出现两个询问窗口，按"Enter"键（或"1"）后表示确认，等待片刻，直到出现"现在您可以安全地关闭计算机了"字样即可关闭电源。

8. 退货

在"销售"窗口，按"退货"键即可进入"退货"窗口。如果屏幕中间出现"经办人登录"的窗口，则说明当前登录的员工没有"退货"权限。如果经办人登录成功则进入"退货"窗口。

9. 冲账

冲账就是对已经做过的交易产生一笔新的交易使之相互冲抵。在"销售"窗口中，按"冲账"键即可进入"冲账"窗口。如果屏幕中间出现"经办人登录"的窗口，则说明当前登录的员工没有"冲账"权限。如果经办人登录成功则进入"冲账"窗口，选择某一笔交易，按"开票"键后即可进行冲账。

10. 修改口令

在"销售"窗口中，按"功能"键，输入数字"1"，出现修改口令框：先输入旧的口令，如果正确就可以输入新的口令。连续输入两次新的口令，即前后口令必须一致。

（三）PC-POS 电子收银机实例

由于生产厂家不同，商家的管理方式各有特点，因此其 PC-POS 电子收银机的软件程序也不尽相同，仅以 ED-101 PC-POS 电子收银机为例进行简单介绍。

ED-101 PC-POS 电子收银机在机型设计上采用收银机与 PC 机相对独立的结构，工作时间不同。在进行收款操作时，它是一个功能完整的标准电子收银机，而在使用 PC 机部分时，它又是一台标准的 PC 机，可进行 PC 机上的各种系统开发、数据处理及文字处理等工作。

ED-101 PC-POS 电子收银机的基本功能如下。

1. 键盘功能说明

ED-101 PC-POS 电子收银机的键盘为 128 键，分为左右两部分。左边 84 键为 PC 机操作键盘，右边 36 键为收银机键盘，这两部分只能有一个进行工作，互相锁定。

2. 商品建档登录操作

ED-101 的商品登录通过运行软件 PRODUCT.EXE 完成，在 DoS 操作系统下执行 PRODUCT 指令完成。具体操作如下：C：\>PRODUCT<ENTER>。

在屏幕显示主菜单界面，从下拉菜单中选择"新产品建档"命令后，电子收银机键盘屏幕显示内容如图 3-22 所示。

序号	条形码编码	商品名称	售价
1	2208655001740	猪肝	17.80
2	6924187828544	洽洽香瓜子	8.90

图 3-22　电子收银机键盘屏幕显示内容

在上面的输入操作中，序号是自动生成的。

商品条形码编码的输入方法有以下三种：（1）用条形码阅读器扫描商品的条形码，该商品的条形码编码自动输入。（2）用键盘输入条形码编号，ENA-13 条形码及 UPC-A 条形码只需要输入 12 位数字，校验码不必输入。ENA-8 码及 UPC-E 码只要输入 7 位数字，系统会在前面自动补 21 作为区别，其余自动补零。（3）店内码为 6 位，可随意编码输入，系统在前面自动补 20 作为区别。

输入条形码编码后再依次输入商品的名称和售价即可完成一个商品的建档。新商品建档完成后按"Esc"键回到菜单。

3. 机器工作状态的设置操作

收银机的机器工作状态可在商品销售时随时设定，该项操作在系统的前台销售程序系统中。操作时应先进入销售状态，在 DoS 状态下键入命令，进入正常的销售界面。在此界面下按收银机部分的功能键即可进入机器工作状态的设定界面，屏幕显示"机器设定及结

算表"的菜单，收款员可移动光带到需要的功能选择并按"Enter"键，进入有关的操作，如可修改时间、进行折扣数额的确定、有效位数设定等，但收银员无权操作及修改，只能由专门的管理人员进行操作。

4. 收款操作

例如，某顾客购买编号为 300352 与 400456 的商品各一件，价格分别为 35 元、64 元。操作为：输入"300352"，单击"＃"键，输入"400456"，单击"＃1""ST""CA/TL"，或读商品条形码：依次刷 300352、400456 号条形码，单击"ST""CA/TL"。

5. 商品销售时段结账报表生成

根据需要，可打印各种报表，如销售时间段报表、PLU 报表等。

（四）POS 机的维护和保养

（1）保持机器外表整洁，不在机器上摆放物品，做到防水、防尘、防油。

（2）动作要轻，特别是在开启、关闭钱箱时要防止震动。

（3）电源线的链接安全、固定，不能随意搬动机器和拆装内部器件。

（4）断电关机后，至少在一分钟后开机，不能频繁开关机，并经常检查打印色带和打印纸，及时更换色带和打印纸，保持打印机内部清洁。

（5）定期清洁机器，除尘、除渍。

（6）指定专人负责日常的维护工作，做到能熟练排除一般故障，及时更换色带，保持机器的正常运转。

虽然每个超市都有各自不同的 POS 收银系统，但功能键和操作方法大同小异。POS 机功能键具体功能表如表 3-4 所示。

表 3-4　POS 机功能键具体功能表

键名/按键功能	功 能 描 述
数字键	供数字录入（如手工录入商品条形码、金额等）
确定/Enter	操作结束的确认
删除	删除光标前的一个字符
清除	清除已经扫描的一个或多个商品信息（多在多扫、错扫或顾客放弃购买某商品等情况下使用）
开钱箱	在收银界面可打开钱箱
挂单	挂单后，顾客继续结账时，按"提单"键，调出挂单业务，继续为此顾客进行收银结算操作
数量键	输入商品的数量，按此键，可主动修改数量，避免多次扫描
会员	顾客出示会员卡，可进行会员卡的读取
合计/结算	计算当前一笔交易的应付金额
银行卡等	提供非现金的结算方式

键名/按键功能	功 能 描 述
上下左右箭头	光标移动键，用来移动光标，修改当前某一字段
修改售价	对"可议价"的商品在销售结算时进行价格上的修改
Esc 键	退出当前操作状态

（五）收银机结束工作的操作

（1）收银机在结束工作后要退出工作状态。

（2）收银机通过屏幕提示用户，按步骤退出收款状态，且回到主界面上进行日结，取出钱款，收银员签退，退出系统，关闭主机电源。

五、微信收银业务操作

（一）扫码枪收银

1. 扫码枪收银使用方法

让消费者打开"微信"—"我"—"服务"—"收付款"界面，输入商品描述（不输入则默认为商户名称）、收款金额和用 Tab 键切换到付款条形码输入框，用扫码枪扫描条形码收款。

2. 扫码枪退款使用方法

让消费者打开微信的微信支付凭证后，找到需要退款的凭证，然后打开扫码退款功能，用扫码枪扫描商户单号的条形码或手动输入数字退款，或者到扫码枪收银记录中操作退款。

（二）二维码收银

（1）二维码收银使用方法：输入商品描述（不输入则默认为商户名称）、收款金额（可按"Enter"键快速操作），然后生成二维码让顾客扫码付款即可。一次性二维码：一个顾客扫一次即失效；永久金额二维码：永久不限次数使用，可作为每个商品独立的二维码使用；自助付款二维码：永久不限次数使用，顾客扫码后自助输入付款金额，可打印放置在收银台供顾客扫码付款。

（2）二维码退款使用方法：让消费者打开微信的微信支付凭证后，找到需要退款的凭证，然后输入交易单号查询退款。

（三）微信支付对接收银系统

微信支付对接收银系统的步骤如下：

（1）申请微信支付的商户功能。

（2）在收银系统中填写申请到的账号等信息。

（3）开始收款。

注意事项：有些收银系统不支持微信支付，因此在使用之前需要升级。

六、会员卡收银业务操作

（一）会员卡认知

会员卡泛指普通身份识别卡，其用途非常广泛，凡涉及需要识别身份的地方，都可以应用身份识别卡，如商场、超市、专卖店、宾馆、饭店、俱乐部等。

一个企业发行的会员卡相当于企业的名片，在会员卡上可以印刷企业的标志或者图案，是企业进行广告宣传的理想载体。发行会员卡除了能吸引新顾客、留住老顾客、增强顾客忠诚度，还能实现打折、积分、客户管理等功能，是一种切实可行的提高效益的途径。

1. 会员卡规格

会员卡长为 88.5mm，宽为 54.5mm，厚为 0.76mm，大小和厚度与银行卡一样。

2. 会员卡常见分类

（1）会员卡按材质可分为普通印刷会员卡、磁条会员卡、IC 会员卡、ID 会员卡、金属会员卡几种。

（2）会员卡按行业可分为超市会员卡、酒店会员卡、美食会员卡、旅游会员卡、网吧会员卡等。

（3）会员卡按等级可分为贵宾会员卡、会员金卡、会员银卡、普通会员卡几种。

（二）会员卡收银业务操作

一般情况下，会员卡收银业务是与现金、银行卡等收银业务操作同时进行的。因为绝大多数会员卡不具备储蓄功能，本身不能用于支付，它只是一种会员在用现金、银行卡结账时可以享受折扣优惠的凭证。操作流程如下：

（1）询问顾客是否有会员卡，如果有，收卡后进行刷卡（如果没有，按现金或银行卡收银业务进行操作）。

（2）输入优惠折扣。

（3）按现金或银行卡收银业务进行操作。

（4）打单。

（5）找零、退卡，将零钱、会员卡及单据交给顾客。

（三）会员卡挂失操作

（1）会员卡遗失后，持卡人可凭有效身份证件到商场服务总台或指定银行办理挂失；为保证和维护会员的利益，代办会员卡挂失手续时须凭双方有效证件办理；办理挂失后状态立即生效。如本商场协助持卡人查找遗失会员卡的，找到后立即通知持卡人至商场服务总台领取并负责为持卡人重新开通会员卡。

（2）如挂失后需重新补办的，需重新填写申请表并交纳工本费。工作人员在申请表上注明遗失的卡号并注销遗失的卡。补办后原会员卡积分可转入新卡。

知识链接

如何识别不法分子的欺诈用卡行为

不法分子利用银行卡作案时往往有一些特征，收银员要学会观察持卡人的异常行为，提高警惕，以减少损失。常见的异常行为有：

1. 持卡人穿着打扮与言行举止存在疑点。例如，卡片是某地发行的卡片，但持卡者没有一点当地的口音。

2. 购物或消费时非常随便，对所购商品本身不感兴趣，不在意商品的规格、品质及价格，只希望尽快刷卡完成交易，急于成交。

3. 购买价值较高、易于变现和携带的商品，如珠宝首饰、名表、名贵药材、工艺品、名牌服饰、高档电器等；消费无节制，购买商品的金额及数量过大，远远超出个人或家庭使用的范围；在机票代售点或手机专卖店频繁刷卡交易。

4. 刷卡时屏幕显示的卡号与卡面卡号不一致；刷卡时神情比较紧张，在收银员操作时不停催促，且故意分散收银员的注意力。

5. 卡片非从钱包取出而是由口袋掏出；消费时持有多张银行卡，当一张卡无法刷卡获取授权后，不要求进行人工授权，而是立即换刷其他卡片。或者单笔刷卡不成功立即要求将金额降低，反复多次试刷。

6. 刷卡未能取得授权时要求分单压卡进行支付。

7. 在签单过程中神色慌张，左顾右盼；在签字时要求看卡背面的签名或签字很慢。

📠 项目精要

通过本项目的学习，学生能够掌握收银机的各项功能，能够明确收银作业的流程及其相关要求，熟悉收银作业的岗位职责和管理重点；能够根据顾客的要求采取相应的现金、银行卡、支票、微信、POS机等收银结算方式，进一步认识收银工作具有专业性、责任性、熟练性、服务性、规范性的特点；熟知收银员的工作职责、业务流程、收银技巧及与收银岗位相关的业务流程和规则，提高收银速度，为未来走上收银岗位打下良好的基础。

🎴 项目训练

任务训练一　思考题

1. 简答商品扫描的含义及其原则。

2. 简答收银操作总则。

3．描述现金收银业务操作流程。

任务训练二　案例分析题

【任务资料】一位顾客在某商场的二层购买了一双鞋，在付钱时，问收银员能不能使用银行卡。收银员只顾接待其他顾客，没有回答。顾客又问了一遍，收银员答复："有告示自己看"。

【任务要求】请问收银员此做法是否正确？请简要说明理由。

✖ 上岗一试

【任务资料1及要求】请利用周末时间去卖场或超市，实地观察卖场或超市收银员是如何对顾客所购商品进行扫描、消磁的；收银员对商品扫描、消磁时体现了哪些原则；了解出现消磁例外时收银员是如何处理的，与所学理论知识是否一致。写一份调查报告。

【任务资料2及要求】一位顾客在乐乐连锁超市购买了一个枕头，买单时收银员用一个袋给她装好，顾客要求再给一个袋，收银员给顾客解释一个袋就可以了，顾客自己扯了一个袋就走，随后还到前台进行了投诉，说收银员服务态度不好。请根据描述的情境，作为一名收银员应该怎么做？

【任务资料3及要求】每天下午5点左右是卖场人最多的时候，也是营业最繁忙的时间。某天，在某卖场收银台附近有一位女士大声喊："这是怎么搞的？我的卡怎么就不能用了呢？你们这不是骗人吗？！我要去报社让你们曝光！"当时在场的收银员忙着收银，也没有理会那位顾客，那位女士见无人反应，又继续大声喊："你看，这是我以前花120元钱办的会员卡，以前买什么都能打折，现在买什么都不打折，这到底是怎么回事？你们得给我一个明确的答复！"她的喊叫让周围的顾客纷纷驻足观望，投来好奇的目光，看到这种情况，在一旁的一位工作人员拿过顾客手中的卡看了看，对顾客说"女士，您好！您的这张卡我也说不清楚是什么原因。您看这样好不好，您给我留个电话号码，我把事情搞清楚后给您去个电话，您看这样行吗？"听工作人员这么说，顾客还是很不高兴，不过总算不再大声嚷嚷了，边嘀咕边无奈地离开了卖场。后经了解，顾客所持优惠卡为该超市开业之初所办。针对此种情况，收银员或卖场应如何处理？

项目四

收银员基本技能

项目总体目标

知识目标：1. 掌握点钞的基本环节及方法
2. 熟悉人民币防伪的识别方法
3. 知悉财务书写规范
4. 了解货币的相关知识

能力目标：1. 能够熟练运用规范的点钞技能
2. 会对假钞及残、损币进行处理

素质目标：学会团结合作、严谨认真、规范做事

钱程是某高职院校财会专业的学生,毕业后到某市一家大型超市从事收银的实习工作。超市的经营规模很大,商品的种类齐全,所以每天的收入很可观。每天所收取的现金,有面额 100 元、50 元、20 元、10 元、5 元、1 元的纸币,还有零散的硬币,每天面对大量面额不等的现金,钱程应如何开展工作呢?

任务一 解密货币知识

一、货币小常识

货币最简单的概念就是由各国发行的钱币。货币的种类有人民币、美元、英镑、欧元、日元、法郎、俄罗斯卢布、德国马克等。

中国是世界上最早使用货币的国家之一,使用货币的历史长达五千年之久。中国的货币叫作人民币,是指中国人民银行成立后于 1948 年 12 月 1 日首次发行的货币,中华人民共和国成立后成为国家法定货币,至 1999 年 10 月 1 日启用新版为止共发行了五套,形成了包括纸币与硬币、普通纪念币与贵金属纪念币等多品种、多系列的货币体系。人民币在 ISO 4217 中简称 CNY(China Yuan),不过更常用的缩写是 RMB(Ren Min Bi);在数字前一般加上"¥"表示人民币的金额。

人民币的单位是元,辅币是角和分。1 元为 10 角,1 角为 10 分。元、角和分有纸币,1 元、5 角和分也有硬币。元的票面有 1 元、5 元、10 元、20 元、50 元、100 元,角的票面有 1 角、5 角。人民币元的缩写符号是 RMB¥。

目前,中国银行和各家外汇指定银行可以直接存入的外币有英镑、港币、美元、德国马克、法国法郎、日元、加拿大元、澳大利亚元和欧元共计 9 个币种。其他可自由兑换的外币,存款人可选择上述货币之一,按存入日的外汇牌价折算后存入账户。

目前中国银行可兑换的外币主要有:以中国银行外汇牌价挂牌为依据的英镑、港币、美元、日元、加拿大元、澳大利亚元、欧元、澳门元、菲律宾比索、泰国铢、韩国元、瑞士法郎、新加坡元、瑞典克朗、丹麦克朗、挪威克朗 16 种。

人民币没有规定法定含金量,它承担价值尺度、流通手段、支付手段等职能。除了 1、2、5 分三种硬币外,第一套、第二套和第三套人民币已经退出流通,目前流通的是第五套人民币;流通的纸币有 1 角、5 角,1 元、5 元、10 元、20 元、50 元、100 元;硬币有 1 角、5 角和 1 元。

资料库 4-1 📖 纪念币的发行

二、人民币的主要特征

（一）纸质

纸质是指印制钞票的主要材料，印制人民币的纸张使用的是印钞专用纸张。其特点是用料讲究，工艺特殊，预置水印。印钞纸光洁挺括、坚韧耐磨。

（1）印制人民币纸张的主要成分是棉短绒，这样的纸张具有纤维长、强度高、耐磨擦等特点。在鉴别真假币时，通过检查纸张的成分，能够进行正确的鉴别。

（2）在造纸时，人民币的纸张不加荧光增白剂，在紫外线验钞灯下观察时，看不到荧光，把真币和假币放在紫外线验钞灯下比较，就会发现假币的纸张出现明亮的蓝白光，而真币就没有这种现象。

（二）水印

水印是指制造印钞纸时采用的特殊防伪手段，是利用纸纤维不均匀堆积形成明暗层次不同的图案或图形。人民币的水印分为固定部位水印和满版水印两种。

（1）固定部位水印的人民币，有第三套人民币拾元券（正面左侧为天安门水印），第四套人民币拾元券、伍拾元券、壹佰元券（依次在正面左侧有农民半侧面头像、工人半侧面头像和毛泽东浮雕半侧面头像水印）。

（2）满版水印的人民币，有第三套人民币1、2、5元券（为国旗五星满版水印），第四套人民币1、2、5元券（为古钱币图案满版水印）。这种满版水印位置不固定，有的水印又被图案所覆盖，在观察时较为困难，但是只要仔细观看，还是能看到的。

（三）制版

除使用我国传统的手工制版外，人民币制版还采用了多色套版印制钞票图纹的胶印或凹印接线技术，以及正背面图案高精度对印技术。这是人民币制版中广泛采用的，且比较可靠的防伪技术手段。

（1）手工雕刻制版。雕刻制版一直是钞票防伪的重要手段，它具有墨层厚、手感强的特点，用放大镜仔细观察，可以看出图案各个部位的点线排列、疏密程度、景物的深浅等都有明显特征。我国人民币从第二套开始就采用了这种技术，真假币仔细对照后很容易辨别。

（2）对印技术。把正背面图案一次印制成型，使特定部位的图案正背面完全一致。第四套人民币1、2、5元券采用了这一技术。一般的印刷机，甚至精密的印刷机，由于采用正背面分次印刷，一般印不出这样好的效果。

（3）凹印接线技术。它的特点是当一条完整的线印上有几种不同的颜色时，不产生重叠、缺口的现象，这是其他印刷技术所不能达到的，是目前我国人民币采用的比较先进、可靠的防伪技术。

（四）油墨

印制人民币所用的油墨，均为特殊配方油墨，使用这种油墨多次套版印制的人民币，色泽鲜艳、色调协调、层次清晰。印制人民币时，在大面额票面上采用了无色荧光油墨、磁性油墨等主动防伪手段。

（1）我国人民币采用同色异谱油墨印制。这种油墨的特征：在太阳光下和普通的灯光下，同一般的胶印油墨没有区别，但在紫外线灯光下，就会发亮或变成另一种颜色。我国第四套人民币元以上的票币都采用了这种油墨。

资料库 4-2   第四套人民币油墨的特征

（2）磁性、冲击发光油墨。磁性、冲击发光油墨只在第四套人民币 10 元券、50 元券、100 元券三种票币上使用，这两种油墨需要使用高级仪器才能检测出真伪。

（五）印刷

第四套人民币中 1 元券以上的主币，正面人像、行名、国徽、面额、花边、盲文等，以及背面拼音符号、主景、面额、少数民族文字、行长章等，均采用了凹版印刷技术。凹版印刷的钞票油墨厚，用手触摸有凹凸感，因此，防伪性能强，是较先进的特种印制工艺。

（六）安全线

1990 年版 50、100 元面值人民币，在其正面右侧 1/4 处，首次采用了特殊的金属安全线工艺，增强了大面额人民币的主动防伪功能。

任务二　验钞技术认知

一、第五套人民币的主要特征

1. 水印

第五套人民币 100 元、50 元为毛泽东头像固定水印；20 元为荷花图案水印，10 元为玫瑰花图案水印，5 元为水仙花图案水印，1 元为兰花图案水印。2005 年版在冠号下方有白水印面额数字。

2. 红、蓝彩色纤维

在第五套人民币 1999 年版 100 元、50 元、20 元、10 元、5 元的票面上，可以看到纸张中有红色和蓝色纤维。（2005 年版取消了此项措施）

3. 安全线

第五套人民币 1999 年版 100 元、50 元为磁性微文字安全线；20 元为明暗相间的磁性安全线；10 元、5 元为正面开窗全息安全线。2005 年版第五套人民币为全息开窗安全线，50 元和 100 元的窗开在背面，20 元、10 元、5 元开在正面。

4. 手工雕刻头像

第五套人民币所有面值纸币正面主景毛泽东头像，均采用手工雕刻凹版印刷工艺，形象逼真、传神，凹凸感强。

5. 隐形面额数字

第五套人民币各面值纸币正面右上方有一装饰图案，将票面置于与眼睛接近平行的位置，面对光源将平面旋转 45°或 90°，可以看到阿拉伯数字面额字样。

6. 光变面额数字

第五套人民币 100 元正面左下方用新型油墨印刷了面额数字"100"，当与票面垂直观察时其为绿色，倾斜到一定角度则变为蓝色。50 元则可由绿色变成红色。

7. 阴阳互补对印图案

第五套人民币正面左下角和背面右下方各有一圆形局部图案，透光观察，正背图案组成一个完整的古钱币图案。2005 年版 100 元、50 元的互补对印图案在左侧水印区的右缘中部。

8. 雕刻凹版印刷

第五套人民币中国人民银行行名、面额数字、盲文面额标记等均采用雕刻凹版印刷，用手指触摸有明显凹凸感。1999 年版 1 元和 2005 年版各面值正面主景图案右侧，有一组自上而下规则排列的线纹，采用雕刻凹版印刷工艺印制，用手指触摸，有极强的凹凸感。

9. 号码（凸印）

第五套人民币 1999 年版 100 元、50 元为横竖双号码，横号为黑色，竖号为蓝色；其余面额为双色横号码，号码左半部分为红色，右半部分为黑色。2005 年版 100 元、50 元为双色异型号码，中间大，两边小。

10. 胶印缩微文字

第五套人民币 100 元、50 元、20 元、10 元等面额纸币印有胶印缩微文字"RMB100""RMB50""RMB20""RMB10"等，大多隐藏在花饰中。

11. 专用纸张

第五套人民币采用特种原材料，由专用抄造设备抄制的印钞专用纸张印制，在紫外光下无荧光反应。较新的纸币在抖动时，会发出清脆的响声。

12. 变色荧光纤维

第五套人民币在特定波长的紫外光下可以看到纸张中随机分布有黄色和蓝色荧光纤维。

13. 无色荧光图案

第五套人民币各券别在正面行名下方胶印底纹处，在特定波长的紫外光下可以看到面额阿拉伯数字字样，该图案采用无色荧光油墨印刷，可供机读。

14. 有色荧光图案

第五套人民币 100 元背面主景上方椭圆形图案中的红色纹线，在特定波长的紫外光下显现明亮的橘黄色；20 元券背面的中间在特定波长的紫外光下显现绿色荧光图案；50 元券背面在紫外光下也会显现图案。

15. 胶印接线印刷

第五套人民币 100 元正面左侧的中国传统图案是用胶印接线技术印刷的，每根线均由两种以上的颜色组成。

16. 凹印接线印刷

第五套人民币背面最大的面额数字和正面左侧面额数字是采用凹印接线技术印刷的，两种墨色对接自然完整。

17. 凹印缩微文字

第五套人民币在正面右上方装饰图案中印有凹印缩微文字，在放大镜下可看到如"RMB100""RMB20"等与面值对应的字样。背面左下角最大的面额数字中间，布满了小的白色面额数字。在其右方数条平行线的上边几条由连续的"RMB"字样组成，最下面一条由连续的"人民币"字样组成。

18. 磁性号码

用特定的检测仪检测，1999 年版 100 元、50 元的黑色横号码和 20 元、10 元、5 元的双色横号码中的黑色号码有磁性，可供机读。

19. 浮雕隐形文字

第五套人民币各面值大多包含浮雕隐形文字，有的在人像两侧，有的在背面顶部或底部。

二、伪币的类型及主要特征

（一）伪币的类型

伪币包括伪造人民币和变造人民币两种。

（1）伪造人民币是指通过机制、拓印、刻印、照相、描绘等手段制作的假人民币。其中电子扫描分色制版印刷的机制假币数量最多、危害性最大。

（2）变造人民币是指将人民币通过挖补、剪接、涂改、揭层等方法达到以少制多的人民币。

（二）伪币的类型及主要特征

1. 伪造人民币的类型及主要特征

（1）机制胶印假币的主要特征为纸张韧性较差，无弹性；纸张内无水印图案，水印用浅色油墨加盖在纸面且模糊不清；底纹呈网状结构；接线出现断裂或重叠；主景图案层次不丰富；在紫外光下呈荧光反应，安全线用黄色油墨加印在纸面上。

（2）拓印假币主要特征为纸质较差，无挺度，纸张由三层组成，正背两面各为一薄纸，且纸面上涂有一层油质，中间为一白纸；墨色暗淡，无光泽；水印是在中间白纸上描绘而成，失真度较小；在紫外光源下，呈强烈荧光；纸幅一般比真票略小等。

（3）复印假币又分为黑白复印、彩色复印和激光复印等。主要特征为：纸质为复印机专用纸，弹性差，手感光滑；线条呈点状结构；正背面出现色差，正面人像偏红或偏黄；水印是用白色油墨加盖在背面；在紫外光下有强烈荧光反应；冠字号码加印而成等。

（4）石、木板印制伪币的主要特征为通过石刻、木刻制版后进行套印，手法粗糙，人像、图案失真较大，水印多为手工描绘等。

（5）蜡版油印假币分为手工刻印和卷印两种。主要采用蜡纸进行刻印或通过电子扫描技术制成蜡版，然后油印而成。其主要特征是：纸质无弹性，正背面粘合而成；水印为手工描绘，失真度大；油墨无光泽、色彩暗淡；在紫外光下呈荧光反应等。

（6）照相版假币主要特征为纸面较光滑，纸质无弹性；人像、图案无立体感；无底纹线；墨色出现色差；水印系描绘而成，失真度较大；纸幅比真币略小等。

（7）描绘假币主要采用手工描绘进行伪造而成。近年来此类假票有所减少。其特征为底边凹印图案呈不规则状；人像、图案等失真度较大；在紫外光下有荧光反应等。

（8）剪制假币主要是将书、报、杂志上印有人民币的图案剪制下来而成的假票，一般在黄昏或夜晚进行使用，稍加注意极易发现。

2. 变造人民币的类型及主要特征

将真币变形、变态升值者，即为变造币。主要有以下几种类型：

（1）涂改变造币。使用消字、消色等方法，将小面额人民币的金额消去，描绘或刻印成大面额人民币的金额，以此来混充大面额钞票。其主要特征是钞票金额数字部位有涂改或用刀刮过的痕迹。花纹、颜色、图案及尺寸均与真币不符。

（2）拼凑变造币。用剪贴的方法，使用多张真钞进行接拼，多拼出张数以达到混兑、混用，从中非法渔利的目的。其主要特征是拼出的钞票纸幅比真钞短缺一截，花纹不衔接，钞票背面有纸条或叠压粘贴痕迹。

（3）揭张变造币。经过处理，将其钞揭开为正、背面两张，再贴上其他纸张，折叠混用，以达到非法渔利的目的。其主要特征是揭张后的钞票比原有钞票纸质薄，挺度差，一面用其他纸张裱糊，只要将票面打开，正背面一看即可发现。

三、鉴别人民币真伪的方法

验钞方法的简介

识别伪钞是找收伪钞和打击伪钞犯罪活动的前提条件。出纳人员如果没有一定的识别伪钞的能力，在收入现金时，就难免会上当受骗。

近年来，随着经济的发展，假币在市场上出现的频率增加，假币泛滥直接危害群众的利益，影响社会稳定，并扰乱金融秩序，严重危害金融安全。

（一）人工鉴别人民币真伪的方法

1. 真币对照法

真币对照法，即将可疑币与真币进行对照，仔细观察两币之间在纸张、图案、油墨、水印、安全线等方面的差异。真币的图案颜色协调，人像层次丰富，富有立体感，人物形象表情传神，色彩柔和亮丽；安全线牢固地与纸张黏合在一起，并有特殊的防伪标记；对印图案完整、准确，各种线条粗细均匀，直线、斜线、波纹线明晰、光洁。真币印制精细，假币则必然与真币有不同或有粗制滥造之处。

2. 手感触摸法

现行流通的纸币，元以上券别分别采用了凹印技术，可依靠手指反复触摸钞票的感觉来辨别人民币的真伪。人民币是采用特种原料由印钞专用纸张印制的，纸质坚挺有韧性，币面主要图景、国徽、盲文及"中国人民银行"行名字样有明显的凹凸感。假币则纸质松软、平滑无弹性。

3. 水印观察法

真币水印是在造纸过程中嵌在纸张中的，对光透视，真币水印层次丰富，立体感强，层次分明，灰度清晰，具有浮雕立体效果。假币水印则是用印模盖上去的，或采用其他方法制作，假币一般平放即能看出水印，且水印无立体感，图像失真。

（二）机器检测人民币的方法

机器检测就是借助一些简单工具或专用鉴别仪器进行钞票真伪识别的方法。如借助放大镜来观察票面线条的清晰度，胶、凹印缩微文字等；也可将真币置于紫外光灯下，观察有色和无色荧光油墨印刷图案，纸张中有不规则分布的黄、蓝两色荧光纤维，票面颜色无刺眼现象，假币则出现刺眼的蓝白光，但用这种方法检测时，有时个别真币由于接触过肥皂粉或其他化学物品，也会有荧光反应；用磁性检测仪检测黑色横号码的磁性，真币在检测时检测仪会叫或灯亮，假币则无这种反应。

提问 4-1

如何更好地鉴别人民币的真伪

人民币在流通过程中，随着时间的推移，票面会出现磨损，甚至会受到一些化学物质的污染，从而造成真伪难辨。因此，在人民币真伪鉴别过程中，不能仅凭一点或几点可疑就草率判别其真伪，还应考虑到钞票在流通过程中受到诸多因素的影响，应进行综合分析后再确认。

鉴别真假人民币，一要在实践中摸索经验；二要掌握一定的基本常识；三要懂得人民币防伪技术的主要特征。不管制假手段如何变化，只要熟练地掌握人民币特点和防伪技术，都能识别真伪。直观地鉴定人民币真伪，可以将其归纳为"一看、二摸、三听、四测"。

以第五套人民币 100 元为例：

眼看：将水印对着光源，会出现与主景毛泽东头像相似的水印；将钞票上下晃动，正面左下角的数字颜色会由绿色变为蓝色；假钞的安全线印在表面或者夹在中间的金属线，没有真钞清晰，假钞比较模糊，而人民币在造纸过程中通过厚薄挤压形成，而假钞是后来加印上去的。

手摸：人民币是凹凸版，中国人民银行字样、毛泽东图像、花纹等处都有凹凸感，而假钞较平，没有凹凸感。

耳听：真钞抖起来清脆，假钞没有清脆声，声音发闷。

检测：用紫外线灯来照看，会看到花卉的地方隐藏着"100"字样。

四、假币与残损币的处理

（一）假币的处理规定

在日常收付现金时如果发现假币，应当场予以没收，没收的假币一律上缴银行。如一时难以确定真假，应向持币人说明情况，开具临时收据，连同可疑币及时报送当地人民银行鉴定。决不允许假币继续流通，如发现假币仍有意继续使用，则属于违法行为，将依法追究刑事责任。如发现有人倒卖假币或用假币套取真币，应随时向公安机关报告。

资料库 4-3　　　金融机构发现假币的处理方法

（二）残损币的处理

人民币在长期商品交换中，有的纸质松软，有的票面脏污，有的磨损或残缺，群众习惯称之为"破钱"，银行术语称之为"损伤券"。为了提高人民币的整洁度，银行出纳部门按照中国人民银行的有关规定，在收入现金过程中，应积极主动地办理损伤人民币的挑剔、兑换和回收工作。单位的财会人员（主要是出纳人员）在办理现金收付、整点票币时，应随时把损伤票币挑剔出来，以配合银行出纳部门的工作。

1. 残缺人民币的处理

残缺人民币是指有的人民币由于某种原因明显缺少了一部分的票币。

依据中国人民银行颁布的《残缺人民币兑换办法》和《残缺人民币兑换办法内部掌握说明》的规定，残缺人民币可向当地银行办理兑换。

（1）凡残缺人民币属于下列情况之一者，可持币向银行营业部门全额兑换：

① 票面残缺部分不超过五分之一，其余部分的图案、文字能照原样连接者；②票面污损、熏焦、水湿、油浸、变色，但能辨别真假，票面完整或残缺不超过五分之一，票面其余部分的图案、文字能照原样连接者。

（2）凡残缺人民币属于下列情况者，可半额兑换：

票面残缺五分之一以上至二分之一，其余部分的图案、文字能照原样连接者，应持币向银行营业部门照原面额的半数兑换，但不得流通使用。

（3）凡残缺人民币属于下列情况之一者，不予兑换：

①票面残缺二分之一以上者；②票面污损、熏焦、水湿、变色不能辨别真假者；③故意挖补、涂改、剪贴、拼凑、揭去一面者。

不予兑换的残缺人民币由中国人民银行收回销毁，不得流通使用。

2. 损伤人民币的判别

损伤人民币是指人民币在流通中因自然磨损、保管不善或其他原因损坏了其票面完整性的票币，如纸币破裂、油浸、熏焦、水湿、污染变色、虫蛀、鼠咬、霉烂、火烧等，金属币出现严重磨损，如破缺、变形等。

损伤人民币的挑剔标准是：

（1）票面缺少部分损及行名、花边、字头、号码、国徽之一的。

（2）票面裂口超过纸幅三分之一或损及花边、图案的。

（3）纸质较旧，四周或中间有裂缝或票面断开又粘补的。

（4）由于油浸、墨渍造成票面肮脏的面积较大，或涂写字迹过多，妨碍票面整洁的。

（5）票面变色严重、影响图案清晰的。

（6）硬币残缺、穿孔、变形、磨损、氧化腐蚀损坏部分花纹的。

任务三 点钞方法认知

一、点钞的意义

点钞是指按照一定的方法查清票币的数额，即整理、清点钞票的工作，在银行泛指清点各种票币，又称票币整点。点钞速度的快慢、点钞水平的高低、点钞质量的好坏直接关系到资金周转和货币流通速度，以及工作效率。学好点钞技术是做好出纳工作的基础，也是出纳人员的基本业务素质之一。

点钞作为整理、清点货币的一项专门技术，不仅是从事财会、金融、商品经营等工作必须具备的基本技能之一，它对于为社会经济提供信用中介、支付中介及各项金融服务的银行来说也尤为重要。

资料库 4-4　　　　不规范的点钞方法

二、点钞的基本要求

（一）点钞的整理要求

在人民币的收付和整点中，要把混乱不齐、折损不一的钞票进行整理，使之整齐美观。整理的具体要求如下。

平铺整齐，边角无折。同券一起，不能混淆。

券面同向，不能颠倒。验查真伪，去伪存真。

剔除残币，完残分放。百张一把，十把一捆。

扎把捆捆，经办盖章。清点结账，复核入库。

（二）点钞的过程要求

点钞要求是按照"五好钱捆"的标准，票币查点要做到"点准、挑净、墩齐、捆紧、盖章清楚"，即查点出来的票币要符合以上五个方面的基本要求。要掌握好票币整点技术，应从下述几个环节苦下功夫。

1. 端正姿态

由于机器点钞目前还不能完全取代手工点钞，所以大量的票币清点工作还需经过手工操作进行。而在手工点钞情况下，坐姿的正确与否，直接影响着点钞技术的发挥，故练习时应先掌握好正确的点钞姿态。点钞开始前，应选择适当高度的座位，一般要高于写字座位的高度，双肘能在桌面上转动自如，就座后，直腰挺胸，不要紧靠桌沿。身体自然，全身肌肉自然放松，双肘自然放在桌上，两腿分开约与肩同宽，持票的左手腕接触桌面，右手腕稍抬起，整点货币轻松持久，活动自如。

2. 用品定位

点钞时使用的印泥、图章、水盒、腰条等要按使用顺序放好，这样点钞时使用顺手。

3. 开扇均匀

使用各种点钞方法都应将票子打开成微扇形或坡形，便于捻动并可防止夹张，也能提高点钞的速度和准确性。

4. 点数准确

点数准确是点钞技术的核心内容。只有在准确的基础上求快，才能保证点钞质量。要做到点数准确，就必须集中精力，双手点钞，两眼看钞，脑子计数。即手、眼、脑互相配合，共同完成点钞的操作过程。

5. 票子墩齐

点钞时，首先把票子搓揉使之松开后墩齐，每张钞票都应平直，有弯折、折角的票子要弄直、抹平，有损伤或涂写的票子要挑出。钞票点好后必须墩齐（四条边水平，不露头，卷角拉平）后才能扎把，每百张整理为一"把"，每十把整理为一"捆"。

6. 扎把捆紧

扎小把，以提起把中第一张钞票不被抽出为准。按"#"字形捆扎的大捆，以用力推不变形，抽不出票把为准。

7. 盖章清晰

腰条上的名章，是分清责任的标志，每个人整点后都要盖章，图章要清晰可辨。

8. 动作连贯

动作连贯是保证点钞质量和提高效率的必要条件，点钞过程的各个环节（拆把、清点、墩齐、扎把、盖章）必须密切配合，环环相扣。清点中双手动作要协调，速度要均匀，要注意减少不必要的小动作。

提问 4-2

点钞基本功如何训练

点钞训练可在财会模拟实习室进行，利用点钞练功纸进行练习，练习时间可分为平时练习和集中时间训练，训练方式可采用分组训练，在实习室准备好点钞纸、海绵缸、记时秒表等工具，将全班学生每两名分成一组，练习时两名同学交换练习各种点钞法，其中一名记时、检查，另一名进行点钞练习，这样既可以培养他们计数准确、快速的能力，又可以通过相互比较提高他们训练的积极性。点钞的基本功在于手、眼、脑的密切分工与配合。所以，点钞基本功训练主要表现在以下三个方面：

1. 练手。手指要灵活，接触的感觉要灵敏，动作的幅度要小，以提高捻钞速度，达到捻钞不重张。

2. 练眼力。眼睛与手相配合，在手指迅速捻动钞票的过程中，能辨别张数、面额、花纹、色彩。

3. 练计数。大脑与手、眼协作，时刻掌握清点的张数。

（三）点钞的基本程序要求

在整点票币的过程中，一般都经过拆把→持票→清点→计数→墩齐→扎把→盖章这几个环节。

（1）拆把：把待点的成把钞票的腰条拆掉。

（2）持票：一般左手持钞，右手点钞。

（3）清点：清点过程分为初点和复点。右手下钞券时，边点边计数。

（4）计数：手点钞，脑计数，点准一百张。

（5）墩齐：钞券四条边水平，不露头，卷角拉平。

（6）扎把：把点准的一百张钞票墩齐，用腰条扎紧。

（7）盖章：在扎好钞票的腰条上加盖经办人名章，以明确责任。

三、手工点钞的方法

点钞方法是相当多的，概括而言，可以分为手工点钞和机器点钞两大类，其中手工点钞又分为清点硬币和整点纸币。

清点硬币：在没有工具之前，硬币全部用手工清点，这是清点硬币的一种基本方法，它不受客观条件的限制，只要熟练掌握，在工作中与工具清点速度相差不大。

整点纸币：对于手工点钞，根据持票姿势不同，又可划分为手按式点钞方法和手持式点钞方法。手按式点钞方法，是将钞票放在台面上操作；手持式点钞方法是在手按式点钞方法的基础上发展而来的，其速度远比手按式点钞方法快，因此，手持式点钞方法在全国各地的应用比较普遍。

（一）手持式点钞法

手持式点钞方法，根据指法不同又可分为以下几种。

1. 手持式单指单张点钞法（实用型）

手持式单指单张点钞法

点钞时，用一个手指一次点一张的方法叫手持式单指单张点钞法。这种方法是点钞中最基本也是最常用的一种方法，使用范围较广，频率较高，适用于收款、付款和整点各种新、旧、大、小钞票。这种点钞方法由于持票面小，能看到票面的四分之三，容易发现假钞及残破票，缺点是点一张记一个数，比较费力。具体操作方法如下。

（1）拆把持钞。

① 初点现金。

左手横执钞票，下面朝向身体，在持把时左手拇指在钞券正面的左端，约在票面的四分之一处，食指和中指在钞券背面与拇指一起捏住钞券，无名指和小指自然弯曲；捏起钞券后，无名指和小指伸向票前压住钞券的左下方，中指弯曲稍用力，与无名指和小指夹住钞券；食指伸直，拇指向上移动按住钞券的侧面将钞券压成瓦形，并使左手手心向下，然后用右手脱去钞券上的腰条。同时，左手将钞券往桌面上轻轻擦，拇指借用桌面的摩擦力将钞券向上翻呈微形票面。右手拇指、食指、中指沾水做点钞准备。这种拆把方法不撕断纸条，便于保留原纸条查看图章，通常用于初点现金。拆把持钞（初点现金）如图 4-1 所示。

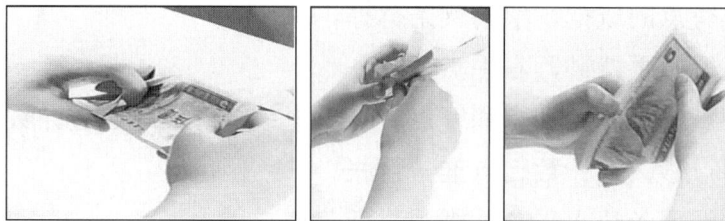

图 4-1　拆把持钞（初点现金）

② 复点现金。

钞券横执，正面朝着身体，用左手的中指和无名指夹住票面的左上角，拇指按住钞券上边沿处，食指伸直，中指稍用力，把钞券放在桌面上，并使左端翘起成瓦形，然后用左手食指向前伸勾断腰条纸，并抬起食指使腰条自然落在桌面上，左手大拇指翻起钞票的同时用力向外推使钞券呈微形扇面，右手拇指、食指、中指沾水做点钞准备。这种方法的特点是左右手可同时操作，拆把速度快，但腰条纸勾断后不能再使用。这种拆把方法通常用于复点现金。拆把持钞（复点现金）如图 4-2 所示。

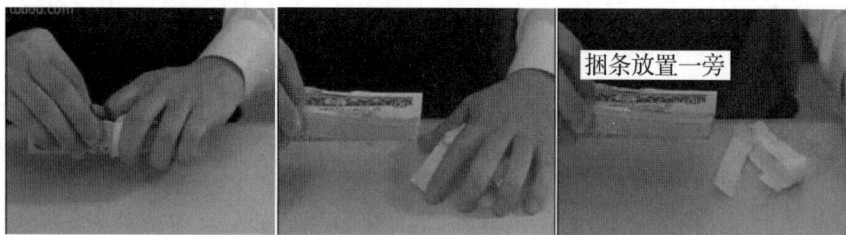

图 4-2　拆把持钞（复点现金）

（2）持钞打扇面。

① 双手起钞。

钞票正面朝下，左手无名指与中指弯曲分开，伸向墩齐的钞票前中部，手心向内，夹紧钞票。食指伸直托住钞票背面，拇指在钞票正面左端约三分之一处，按住钞票侧面；右手拇指按住钞票正面，其余四指放在钞票背面，将钞票压成外向弓形，左右手向内用力将钞票撑成微开的扇面，钞票左侧面与正面形成的钝角正对自己。然后，右手拇指在票上，食指、中指在票下，做点钞准备。持钞打扇面（双手起钞）如图 4-3 所示。

② 单手起钞。

左手单手起钞，右手脱去捆钞条。左手中指、无名指夹住钞票，食指封上端、拇指顶住下端将钞票掠至桌面边缘时顺势与桌面摩擦，拇指将钞票翻起形成 3～4cm 的微型扇面。然后，右手拇指在票上，食指、中指在票下，做点钞准备。此种方法通常在比赛中使用，初学者较适合双手开扇方法。持钞打扇面（单手起钞）如图 4-4 所示。

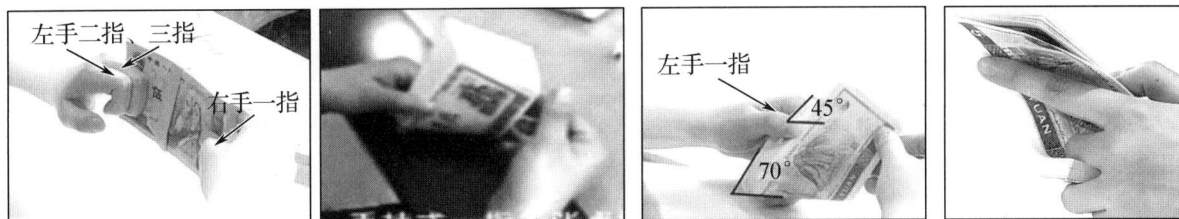

图 4-3　持钞打扇面（双手起钞）

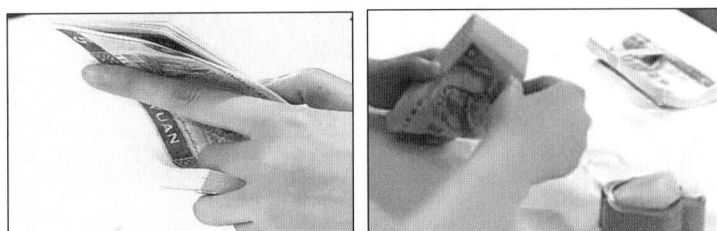

图 4-4　持钞打扇面（单手起钞）

（3）清点。

拆把后，左手持钞稍斜，左手拇指按捏钞票不要过紧，要配合右手起自然助推的作用，正面对胸前并形成瓦形后，右手捻钞，捻钞从右上角开始。右手食指托住钞票背面右上角，用拇指尖逐张向下捻动钞票右上角，捻动幅度要小，要轻捻，拇指不要抬得太高，动作的幅度也不宜太大，以免影响速度；食指在钞票背面的右端托住少量钞票配合拇指捻动工作，随着钞票的捻出要向前移动，以及时托住另一部分钞票；无名指将捻下来的钞票往怀里方向弹，每捻下一张弹一次，要注意轻点快弹；中指翘起不要触及票面，以免妨碍无名指动作，在清点中拇指上的水用完可向中指沾一下便可点完 100 张。同时，左手拇指也要配合动作，当右手将钞券下捻时，一指要随即向后移动，并用指尖向外推动钞券，以利于捻钞时下钞均匀。

在这一环节中，要注意右手拇指捻钞时，主要负责将钞券捻开，下钞主要靠无名指弹拨。持钞打扇面（清点）如图 4-5 所示。

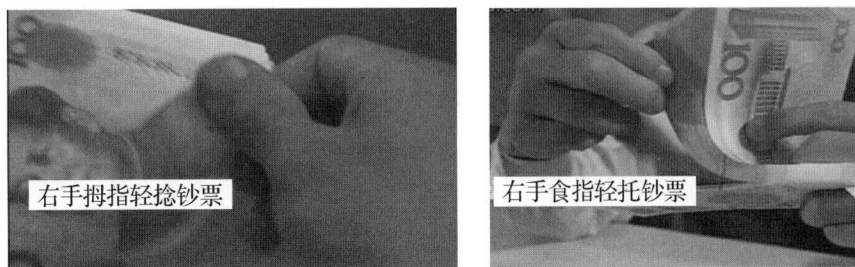

图 4-5　持钞打扇面（清点）

（4）计数。

计数应与清点同时进行，计数时可选择在拇指捻张时计数，也可选择在无名指弹拨时计数。在点数速度快的情况下，往往由于计数迟缓而影响点钞的效率，因此计数应该采取以 10 为单位的累进计数法。把 10 作 1 记，即 1、2、3、4、5、6、7、8、9、1（即 10）、1、

2、3、4、5、6、7、8、9、2（即20），以此类推，数到1、2、3、4、5、6、7、8、9、10（即100）。采用这种计数法计数既简单又快捷，既省力又好记。但计数时要默记，不要念出声，做到脑、眼、手密切配合，既准又快。持钞打扇面（计数）如图4-6所示。

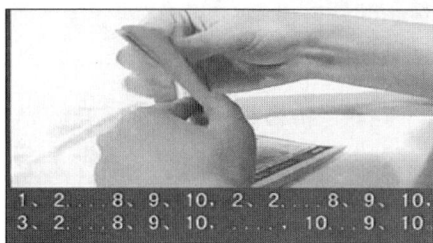

图4-6　持钞打扇面（计数）

（5）扎把。

捆扎技术主要分为缠绕式和拧结式两种方法。缠绕式和拧结式捆钞法的基本要求如表4-1所示。

表4-1　缠绕式和拧结式捆钞法的基本要求

名称	适用的范围	点钞的步骤
缠绕式	临柜收款采用此种方法，需使用牛皮纸腰条	将点过的钞票100张墩齐。 （1）左手从长的方向拦腰握着钞票，使之成为瓦状（瓦状的幅度影响扎钞的松紧，在捆扎中幅度不能变）。 （2）右手握着腰条头将其从钞票长的方向夹入钞票的中间（离一端 $\frac{1}{4} \sim \frac{1}{3}$ 处），从凹面开始绕钞票2圈。 （3）在翻到钞票原度转角处将腰条向右折叠90°，将腰条头绕捆在钞票的腰条转2圈打结。 （4）整理钞票
拧结式	考核、比赛采用此种方法，需使用绵纸腰条	将点过的钞票100张墩齐。 （1）左手握钞，使之成为瓦状。 （2）右手将腰条从钞票凸面放置，将两腰条头绕到凹面，左手食指、拇指分别按住腰条与钞票厚度的交界处。 （3）右手拇指、食指夹住其中一端的腰条头，中指、无名指夹住另一端腰条头，并合在一起，右手顺时针转180°，左手逆时针转180°，将拇指和食指夹住的那一头从腰条与钞票之间绕过、打结。 （4）整理钞票

现在主要用缠绕式方法。缠绕式捆钞就是将捆钞条缠绕于钞票中央的捆钞方法。而缠绕式方法又分为夹条式和压条式两种方法。缠绕式捆钞法如图4-7所示。

（6）盖章。

点钞员清点钞票后要计数、盖章，名章是分清责任的标记，因此要清晰可辨。名章一般盖在缠绕钞票侧面的捆钞条上，如图4-8所示。

（a）

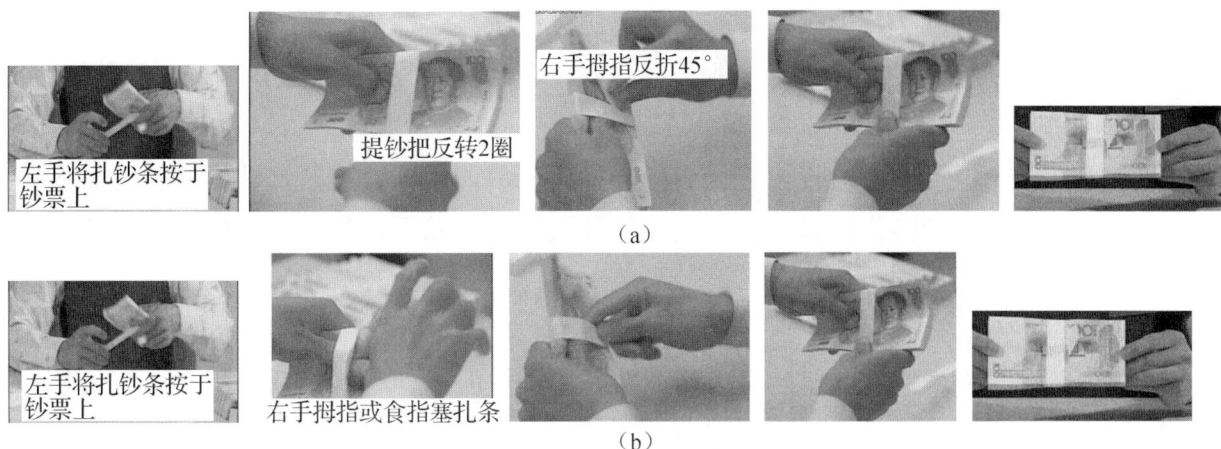

（b）

图 4-7　缠绕式捆钞法

图 4-8　盖章

2. 手持式单指多张点钞法（实用型）

点钞时，一指同时点两张或两张以上的方法叫手持式单指多张点钞法。它适用于收款、付款和各种券别的整点工作。点钞时计数简单省力，效率高。但也有缺点，就是在一指捻几张时，由于不能看到中间几张的全部票面，所以假钞和残破票不易被发现。

手持式单指多张点钞法

这种点钞法除了计数和清点，其他均与手持式单指单张点钞法相同。

（1）持票（同手持式单指单张点钞法）。

（2）清点。

清点时，右手食指放在钞票背面右上角，拇指肚放在正面右上角，拇指尖超出票面，用拇指肚先捻钞。手持式单指双张点钞法，拇指肚先捻第一张，拇指尖捻第二张。手持式单指多张点钞法，拇指用力要均衡，捻的幅度不要太大，食指、中指在票后面配合捻动，拇指捻张，无名指向怀里弹。在右手拇指往下捻动的同时，左手拇指稍抬，使票面拱起，从侧边分层错开，便于看清张数，左手拇指往下拨钞票，右手拇指抬起让钞票下落，左手拇指在拨钞的同时向下按其余钞票，左右两手拇指一起一落协调动作，如此循环，直至点完。

（3）盖章。

点钞员清点钞票后均要计数盖章，名章是分清责任的标记，因此要清晰可辨。名章一般盖在缠绕钞票侧面的捆钞条上，如图 4-8 所示。

3. 手持式多指多张点钞法（竞赛型）

手持式多指多张点钞法是指点钞时用小指、无名指、中指、食指依次捻下一张钞票，一次清点四张钞票的方法，也叫手持式四指四张点钞法。这种点钞法适用于收款、付款和整点工作，这种点钞方法不但省力、省脑，而且效率高，能够逐张识别假钞和挑剔残破钞票。

（1）持票。

用左手持钞，中指在前，食指、无名指、小指在后，将钞票夹紧，四指同时弯曲将钞票轻压成瓦形，拇指在钞票的右上角外面，将钞票推成小扇面，然后手腕向里转，使钞票的右里角抬起，右手五指准备清点。

（2）清点。

右手腕抬起，拇指贴在钞票的右里角，其余四指同时弯曲并拢，从小指开始每指捻动一张钞票，依次下滑四个手指，每次下滑动作捻下四张钞票，循环操作，直至点完 100 张为止。手持式多指多张点钞法（清点）如图 4-9 所示。

图 4-9　手持式多指多张点钞法（清点）

（3）盖章。

点钞员清点钞票后均要计数盖章，名章是分清责任的标记，因此要清晰可辨。名章一般盖在缠绕钞票侧面的捆钞条上，如图 4-8 所示。

4. 手持式扇面式点钞法（竞赛型）

把钞票捻成扇面状进行清点的方法叫手持式扇面式点钞法。这种点钞的方法速度快，是手工点钞中效率最高的一种。但它只适合清点新票币，不适于清点新、旧、破混合钞票。

手持式扇面式点钞法

（1）持钞。

钞票竖拿，左手拇指在票前下部中间票面约四分之一处。食指、中指在票后面同拇指一起捏住钞票，无名指和小指拳向手心。右手拇指在左手拇指的上端，用虎口从右侧卡住钞票成瓦形，食指、中指、无名指、小指均横在钞票背面，做开扇准备。

（2）开扇。

开扇是扇面点钞的一个重要环节，扇面要开得均匀，为点数打好基础，做好准备。其方法是：以左手为轴，右手食指将钞票向胸前左下方压弯，然后再猛向右方闪动，同时右手拇指在票前向左上方推动钞票，食指、中指在票后面用力向右捻动，左手指在钞票原位置向逆时针方向画弧捻动，食指、中指在票后面用力向左上方捻动，右手手指逐步向下移动，至右下角时即可将钞票推成扇面形。如有不均匀的地方，可双手持钞抖动，使其均匀。

打扇面时，左右两手一定要配合协调，不要将钞票捏得过紧，如果点钞时采取一按十张的方法，扇面要开小些，以便于点清。

（3）点数。

左手持扇面，右手中指、无名指、小指托住钞票背面，拇指在钞票右上角 1cm 处，一次按下 5 张或 10 张；按下钞票后用食指压住，拇指继续向前按第二次，以此类推，同时左手应随右手点数速度向内转动扇面，以迎合右手按动，直至点完 100 张为止。扇面点钞法如图 4-10 所示。

图 4-10　扇面点钞法

（4）计数。

采用分组计数法。一次按 5 张为一组，记满 20 组为 100 张；一次按 10 张为一组，记满 10 组为 100 张。

（5）合扇。

清点完毕合扇时，将左手向右倒，右手托住钞票右侧向左合拢，左右手指向中间一起用力，使钞票竖立在桌面上，两手松拢轻墩，把钞票墩齐，准备扎把。

（6）扎把。

点钞完毕后需要对所点钞票进行扎把，通常是 100 张捆扎成一把，分为缠绕式和拧结式两种方法。

（7）盖章。

点钞员清点钞票后均要计数盖章，名章是分清责任的标记，因此要清晰可辨。名章一般盖在缠绕钞票侧面的捆钞条上，如图 4-8 所示。

（二）手按式点钞法

手按式点钞法是将钞券安放在桌面上进行清点的点钞方法。手按式点钞法一般可分为单指单张点钞法、双指双张点钞法、三张和四张点钞法、四指拨动点钞法、多指多张点钞法、单指推动点钞法、多指推动点钞法、多指拨动点钞法、推捻点钞法、翻点点钞法等多种方法。手按式点钞法中的单指单张点钞法、双指双张点钞法、多指多张点钞法如图 4-11 所示。

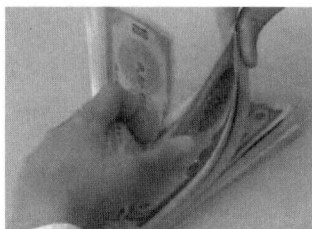

单指单张点钞法　　　　双指双张点钞法　　　　多指多张点钞法

图 4-11　手按式点钞法（部分）

手按式单指单张点钞法

1. 手按式单指单张点钞法

手按式单指单张点钞法是一种传统的点钞方法，在我国广为流传。它适用于收付款和整点各种新、旧、大、小钞券。由于这种点钞方法逐张清点，看到的票面较大，便于挑剔损伤券，特别适宜于清点散把钞券、辅币及残破券多的钞券。

（1）拆把。

将钞券横放在桌面上，一般放在点钞员正胸前。左手小指、无名指微弯按住钞券左上角，约占票面三分之一处，食指伸向腰条纸并将其勾断，拇指、食指和中指微屈做好点钞准备。

（2）清点。

右手拇指托起右下角的部分钞券，用右手食指捻动钞券，其余手指自然弯曲。右手食指每捻起一张，左手拇指便将钞券推送到左手食指与中指间夹住，这样就完成了一次点钞动作。以后依次连续操作。

采用这种方法清点时，应注意右手拇指托起的钞券不要太多，否则会使食指捻动困难；也不宜太少，太少会增加拇指活动次数，从而影响清点速度。一般一次以 20 张左右为宜。

（3）计数。

计数可采用双数计数法，数至 50 即为 100 张，也可采用分组计数法，以 10 为一组计数。计数方法与手持式单指单张点钞法基本相同。

上述操作方法，左右手的拇指、中指、食指在清点过程中，每捻起一张都需要有动作，不但影响速度，而且钞券容易滑动以致松散，不易清点，手指也很累。因此，手按式单指单张点钞法还有另一种操作方式。此操作方式是左手按票，与前一种方法相同。右手自然摆放在桌面上，手腕微抬起。右手的小指、无名指按在右上角，小指压紧钞券，无名指稍松，中指微弯曲。清点时，右手拇指托起部分钞券，食指每捻起一张即由左手拇指切数并用拇指和食指夹住；捻数张后，左手拇指即将钞券推送到食指和中指之间夹住。一般捻起 5 张或 10 张后左手拇指便推动一次。计数可用分组计数法，每 5 张或 10 张为一组，记满 20 组或 10 组即为 100 张。采用这种方式进行操作，减少了左手中指和食指动作的次数，手指不易累或酸；右手小指和无名指按住钞券后，钞券也不易滑动；计数简单，如感到计数有误时，只要左手拇指放下没有记准的这一组重新清点外，无须重新清点其余各组钞券，有利于提高工作效率。

2. 手按式双指双张、三张和四张点钞法

手按式双张、三张和四张点钞法是在手按式单指单张点钞法基础上发展起来的，因此与手按式单指单张点钞法基本相同，只是清点和计数略有不同。下面着重介绍它们的不同之处。

手按式四张点钞法

（1）手按式双指双张点钞法。

手按式双指双张点钞时，左手的小指、无名指压在钞券的左上方约占票面的四分之一处；右手拇指、食指、中指沾水后，用拇指托起部分钞券，用中指向上捻起第一张，随即用食指捻起第二张，捻起的这两张钞券由左手拇指送到左手食指和中指之间夹住。计数采用分组计数法，两张为一组记一个数，记满 50 组即为 100 张。点双张时，应注意右手臂要稍抬起，右手臂高于右手腕，手指朝右边，以便于捻动。

（2）手按式三张和四张点钞法。

手按式三张和四张点钞法适用于收付款和整点各种新、旧主币和辅币。它的速度明显地快于单指单张点钞法和双指双张点钞法。但由于除第一张外，其余各张所能看到的票面较小，不宜整点残破币多的钞券。三张和四张点钞法与双指双张点钞法相同，只是清点、计数方法略有不同。

三张和四张点钞法，左手压钞的方法与双指双张点钞法相同。右手拇指托起右下角的部分钞券。三张点钞时，先用无名指捻动第一张，随后用中指、食指顺序捻起第二张和第三张；四张点钞时，先用小指捻起第一张，随后无名指、中指和食指分别捻起第二张、第三张、第四张；捻起的三张或四张钞券用左手拇指向上推送到左手的食指和中指间夹住。这样便完成一组动作，以后按此连续操作。用三张和四张点钞法点数时，与双指双张点钞法一样，手臂抬起，右手手指朝左边，手心向下，点数时手指不宜抬得过高。

三张和四张点钞法可采用分组计数。三张点钞可以三张为一组记一个数，数到33组还剩一张即为100张；四张点钞可以四张为一组记一个数，数到25组就为100张。

3. 手按式单指推动点钞法

手按式单指推动点钞法也是使用较广的一种点钞方法。它适用于收款、付款和整点各种钞券，尤其适宜整点成把的百元和五十元以下的主币。这种点钞方法效率较高，但除第一张外，其余各张票面可视面很小，不易发现假币和剔除损伤券。这种点钞法的操作方法如下：把钞券横放在桌面上，左手无名指微屈按住钞券左上角约三分之一处。右手肘靠在桌子上，右手五个手指自然弯曲；用中指第一关节托起部分钞券后，中指、无名指、小指垫入部分钞券下面；拇指从右下角推起数张钞券；食指按在钞券右上角配合拇指推动，同时也防止拇指推动时钞券向上移动。左手拇指根据右手推起的钞券数将钞券推送到中指与食指之间夹住。这样便完成一组动作，以后按此方法连续操作。

用这种方法清点，要注意用右手拇指推动时，要先用拇指尖开始推动，直到拇指肚收尾为止。拇指用力要均匀，这样才能均匀地把钞券推捻开。一般一次推捻3～10张，中指托起的钞券也不宜太多。切数时，眼睛要从钞券里侧往外看。计数可采用分组计数。如一次推捻4张，那么以4张为一组计数，数25组即为100张，以此类推。

4. 手按式多指推动点钞法

手按式多指推动点钞法适用于各种面额钞券的清点，更适合整点成把主币。其操作方法如下：

（1）放票。

将钞券斜放在桌面上，右下角对正胸前，左手无名指、小指自然弯曲压在钞券左端约占票面的四分之一处。同时用右手的食指、中指、无名指、小指沾水做点钞准备。

（2）清点。

清点前，用右手在钞券右下角侧面将钞券向左上方推动一下，使钞券松散。推捻时可用三指推动，也可用四指推动。用四指推动时，先用小指从右下角向上推捻起第一张，然后用无名指、中指、食指顺序分别各推起一张钞券；用三指推动时，先用无名指推捻起第一张，然后用中指、食指各推起一张。推起的钞券由左手拇指推送到左手食指和中指之间夹住。这样便完成一组动作，以后按此方法连续操作。

（3）计数。

计数采用分组计数法。每次推动 3 张的，以 3 张为一组计数；每次推动 4 张的，以 4 张为一组计数。记满 33 组余一张或记满 25 组即为 100 张。

5. 手按式多指拨动点钞法

手按式多指拨动点钞法，其适用范围和优缺点与手按式多指推动点钞法基本相同。其操作方法如下：

（1）放票。

钞券横放在桌面上，左手小指、无名指、中指自然弯曲压在钞券的左上角，同时右手食指、中指、无名指和小指沾水待清点。

（2）清点。

手按式多指拨动点钞法一般可分为三指拨动和四指拨动。三指拨动清点时，用食指从钞券右上角向胸前拇指推送到左手的食指和中指之间夹住。四指拨动清点时，用食指从钞券右上角向胸前拨动第一张，然后中指、无名指、小指顺序各拨动一张，每拨起四张就用左手拇指送到左手的中指和食指之间夹住。用这种方法清点时，要注意右手各手指拨起钞券时要往怀里方向用力，但也要略向左，一味向左边或向怀里方向用力，都很难拨动钞券，影响点钞速度。

（3）计数。

计数可采用分组计数法，与手按式三张和四张点钞法相同。

6. 手按式翻点点钞法

手按式翻点点钞法也叫手扳式点钞法，其适用于整点各种主币和复点工作，尤其适合清点成把主币。它的优点是速度快、效率高，清点比较省力，劳动强度较小。但由于扳动时看到的票面小，残破券、假钞及夹版不易被发现和剔除，因此，新、旧、大、小版面混在一起或残破币太多的钞券，不宜用这种方法清点，手按式翻点点钞法的操作方法如下：

（1）放票。

先双手持票。持票时，钞券竖立，两拇指在前，其余四指在后，捏住钞券（捏在约占票面的四分之一处）。然后右手把钞券顺时针方向转动，左手拇指配合右手将钞券向右推，使钞券成微扇形。打开扇面后，将钞券竖放在桌面上，下端伸出桌面约 2cm 以便右手将钞券扳起。放票时也可不打开扇面。安放好钞券后，左手小指、无名指、中指按住钞券的左上角，拇指和食指自然弯曲，做好点钞准备。

（2）清点。

右手除拇指外，其余四指自然弯曲。用右手中指抬起部分钞券的右下角，拇指捏住钞券右下角，食指放在拇指与中指之间，无名指和小指协助中指动作。然后，用右手腕带动各手指往怀里方向转动（逆时针方向转），使钞券打开成小扇面。用左手拇指对右手扳起的钞券进行切数，左手拇指每切一次便将钞券送到食指和中指夹住，同时右手拇指和食指放开已切数的钞券，并配合中指进行下一次循环。要注意的是，右手中指抬起的钞券不宜过多或过少，一般在 35 张左右；打开扇面拇指捏得不要过紧，食指在其他手指转动时要擦过中指抬起的钞券的侧面，向拇指靠拢，以利于打开扇面。左手切数时眼睛应该从右向左看，每次切数要一致。

（3）计数。

手按式翻点点钞法采用分组计数法。如一次扳 5 张的，以 5 张为一组，记满 20 组为 100 张；如一次扳 6 张的，以 6 张为一组，记满 16 组余 4 张，即为 100 张。以此类推。

四、机器点钞的方法

机器点钞就是使用点钞机整点钞以代替手工整点。机器点钞代替手工点钞，对提高工作效率、减轻出纳人员劳动强度、改善临柜服务态度、加速资金周转都有积极的作用。随着金融事业的不断发展，出纳人员的收付业务量也日益增加，机器点钞已成为银行出纳人员点钞的主要方法。

机器点钞虽然可以减轻出纳人员的劳动强度，提高工作效率，但是由于点钞机有时会出现"吃钞"、计数误差等方面的差错，目前，机器点钞还不能完全取代手工点钞，只有两者相互配合、交替使用，才能达到既快又准、不错不乱的点钞效果。

（一）点钞机的一般常识

点钞面由三大部分组成。第一部分是捻钞；第二部分是计数；第三部分是传送整钞。捻钞部分由下钞斗和捻钞轮组成。其功能是将钞券均匀地捻下送入传送带。捻钞是否均匀、计数是否准确，其关键在于下钞斗下端一组螺丝的松紧程度。使用机器点钞时，必须调节好螺丝，掌握好下钞斗的松紧程度。计数部分（以电子计数器为例）由光电管、灯泡、计数器和数码管组成。捻钞轮捻出的每张钞券通过光电管和灯泡后，由计数器记忆并将光电信号轮换到数码管上显示出来。数码管显示的数字，即为捻钞张数。传送整钞部分由传送带、接钞台组成。传送带的功能是传送钞券并拉开钞券之间的距离，加大票币审视面，以便及时发现损伤券和假钞。接钞台是将落下的钞券堆放整齐，为扎把做好准备。

（二）点钞前的准备工作

1. 放置好点钞机

点钞机一般放在桌子上、点钞员的正前方，离点钞员胸前约 30cm。临柜收付款时也可将点钞机放在点钞桌肚内，桌子台面上用玻璃板，以便看清数字和机器运转情况。

2. 放置好钞券和工具

机器点钞是连续作业，且速度相当快，因此清点的钞券和操作的用具摆放位置必须固定，这样才能做到忙而不乱。一般未点的钞券放在机器右侧，按大小票面顺序排列，或从大到小，或从小到大，切不可大小夹杂排列；经复点的钞券放在机器左侧；腰条纸应横放在点钞机前面，即靠近点钞员胸前的那一侧，其他各种用具放置要适当、顺手。

3. 试机

首先，检查各机件是否完好，再打开电源，检查捻钞轮、传送带、接钞台运行是否正常；灯泡、荧光数码管显示是否正常，如荧光数码管显示不是"00"，那么按下"0"键钮，使其复位为"0"。然后，开始调试下钞斗，松紧螺母，通常以 1 元券为准，调到不松、不紧、不夹、不阻塞为宜。调试时，右手持一张壹元券放入下钞斗，捻钞轮将券一捻住，马上用手抽出，以捻得动、抽得出为宜。调整好点钞机后，还应拿一把钞券试试，看看机器转速是否均匀，下钞是否流畅、均匀，点钞是否准确，落钞是否整齐。若传送带上钞券排列不均匀，说明下钞速度不均匀，要检查原因或调节下钞斗底冲口而出螺丝；若出现票面不整齐、歪斜的现象，说明下钞斗与两边的捻钞轮相距不均匀，往往造成距离近的一边下钞慢，钞券一端向送钞台倾斜，传送带上钞券呈一斜面排列，反之下钞快。这样将下钞斗两边的螺丝进行微调，直到调好为止。

（三）点钞机操作程序

点钞机操作程序与手工点钞操作程序基本相同。

1. 持票拆把

用右手从机器右侧拿起钞券，右手钞券横执，拇指与中指、无名指、小指分别捏住钞券两侧，拇指在里侧，其余三指在外侧，将钞券横捏成瓦形，中指在中间自然弯曲。然后用左手将腰条纸抽出，右手将钞券迅速移到下钞斗上面，同时用右手拇指和食指捏住钞券上侧，中指、无名指、小指松开，使钞券弹回原处并自然形成微扇面，这样即可将钞券放入下钞斗。

2. 点数

将钞券放入下钞斗，不要用力。钞券经下钞斗通过捻钞轮自然下滑到传送带，落到接钞台。下钞时，点钞员眼睛要注意传送带上的钞券面额，看钞券是否夹有其他票券，如损伤券、假钞等，同时要观察数码显示情况。拆下的腰条纸先放在桌子一边不要丢掉，以便查错用。

3. 计数

当下钞斗和传送带上的钞券下张完毕时，要查看数码显示是否为"100"。如显示的数字不为"100"，必须重新复点。在复点前应先将数码显示置"00"状态，并保管好原把腰条纸。如经复点仍是原数，又无其他不正常因素时，说明该把钞券张数有误，即应将钞券连同原腰条纸一起用新的腰条纸扎好，并在新的腰条纸封写上差错张数，另做处理。一把点完，计数为百张，即可扎把。扎把时，左手拇指在钞券上面，手掌向上，将钞券从按钞台里拿出，把钞券墩齐后进行扎把。

4. 扎把

点钞完毕后需要对所点钞票进行扎把，通常是 100 张捆扎成一把，分为缠绕式和拧结式两种方法。

5.盖章

复点完全部钞券后,点钞员要逐把盖好名章。盖章时要做到先轻后重、整齐、清晰。由于机器点钞速度快,要求两手动作要协调,各个环节要紧凑,下钞、拿钞、扎把等动作要连贯,当右手将一把钞券放入下钞斗后,马上拆开第二把,准备下钞,眼睛注意观察传送带上的钞券。当传送带上最后一张钞券落到接钞台时,迅速将钞券拿出,同时右手将第二把钞券放入下钞斗,然后对第一把钞券进行扎把。扎把时眼睛仍应注意观察传送带上的钞券。左手将第一把钞券放在机器左侧的同时,右手从机器右侧拿起第三把钞券做好下钞准备,左手顺势抹掉第一把钞券的腰条纸后,左手迅速从接钞台上取出第二把钞券进行扎把。这样顺序操作,连续作业,能提高工作质量和工作效率。

在连续操作的过程中,须注意以下问题:原把腰条纸要顺序更换,不得将前把与后把腰条纸混淆,以分清责任。钞券进入接钞台后,左手取钞必须取净,然后右手再放入另一把钞券,以防串把。如发现钞券把内有其他券种或损伤券及假币时,应随时挑出并补上完整券后才能扎把。机器点钞连续操作,归纳起来要做到"五个二",二看:看清跑道上钞券票面,看准计数。二清:券别、把数分清,接钞台取清。二防:防留张,防机器吃钞。二复:发现钞券有裂缝和夹带纸片要复,计数不准时要复。二经常:经常检查机器底部,经常保养,维修点钞机。

(四)机器点钞容易发生的差错和防止方法

(1)接钞台留张。左手到接钞台取钞时,有时会漏拿一张,造成上下把不符。

防止方法:取尽接钞台内的钞券,或采取不同的票面进行交叉清点。

(2)机器"吃钞"。引起机器吃钞的主要原因是:钞券较旧,很容易卷到输钞轴上或带进机器肚内;出钞歪斜,容易引起输钞紊乱、挤扎或飞张,也有可能被下钞轮带进机器肚内。

防止方法:调整好面板和调节螺丝,使下钞流畅、整齐。输钞紊乱,挤扎时要重新清点一遍。要检查机器底部和前后输钞轴是否有钞券夹住。

(3)多计数。造成多计数的原因主要有:机器在清点辅币、旧币时,容易发生飞张造成多计数;钞券开档破裂,或一把钞券内残留纸条、杂物等,也会造成多计数。

防止方法:可将钞券调头后再清点一遍,或将机器内杂物、纸条取出后再点一遍。

(4)计数不准。计数不准除了电路故障和钞券本身的问题,光电管、小灯泡积灰,或电源、电压大幅度升降都会造成多计数或少计数。

防止方法:经常打扫光电管和小灯泡灰尘,荧光数码管突然计数不准要立即停机,检查机器的线路或测试电压等。

为了便于掌握机器点钞的要领,可熟记下列口诀进行操作:认真操作争分秒,左右连贯用技巧;右手投下欲点票,左手拿出捻毕钞;两眼查看票面跑,余光扫过计数表;顺序操作莫慌乱,环节动作要减少;原钞腰条必须换,快速扎把应做到;维修保养经常搞,正常运转功效高。应用机器点钞时应注意:送钞是机器点钞的关键,送钞时右手要平,送钞要稳,钞票放置位置、角度应合适;提高速度的关键,在于提高协作的连续性。拆把、送钞、取钞、捆扎动作衔接紧密，迅速、准确、快而不乱。

任务四　会计数字书写规范

一、阿拉伯数字书写技能

数字是指表示数目的书写文字，是构成数的基本元素之一。会计数字的书写技能主要包括两部分内容，即阿拉伯数字的书写和中文大写数字的书写。在会计核算工作中，阿拉伯数字的书写技能是根本，而中文大写数字的书写技能可以防止在实际工作中因阿拉伯数字的人为涂改给相关当事人造成不必要的麻烦和经济损失，在一定程度上可以预防经济犯罪。

（一）会计数字书写基本要求

会计工作离不开书写。数字的书写是财务工作者的一项基本功，对财务人员来说尤为重要。财会工作常用的数字有两种：阿拉伯数字和中文大写数字。通常将用阿拉伯数字表示的金额简称为"小写金额"；用中文大写数字表示的金额简称为"大写金额"。阿拉伯数字与中文大写数字有不同的规范化要求，会计数字的书写应规范化。对财会书写的要求是正确、规范、清晰、整洁、美观。

（1）正确：指对所发生的经济业务的记录，一定要正确反映其内容，反映其全过程及结果，反映其全貌，所用文字与数字一定要书写正确。

（2）规范：指对有关经济活动的记录，书写一定要符合财会法规和会计制度的各项规定，符合对财会人员的要求，记账、核算、分析、编制财务报表都要书写规范、数字准确、文字适当、分析有理，要严格按书写格式书写。文字要以国务院公布的简化汉字为标准，不要滥造简化字，不要滥用繁体字。数码字要按规范要求书写。

（3）清晰：指账目条理清晰，书写时字迹清楚，举笔坚定，无模糊不清的现象。

（4）整洁：指账目清洁，横排、竖排整齐分明，不杂乱。书写工整、不潦草，无大小不均、参差不齐及涂改现象。

（5）美观：指结构安排合理，字迹流畅，字体大方，显示个人功底。

（二）阿拉伯数字的书写规范

阿拉伯数字也称为"公用数字"，是世界各国的通用数字。原为印度人创造，传入阿拉伯，后来又从阿拉伯传入欧洲，始称为"阿拉伯数字"。由于它字数少，笔画简单，不用数位词就可以表示大小不同的数字，人们普遍乐于使用，因此很快传遍世界各地。

1. 阿拉伯数字标准写法示范

阿拉伯数字的写法，过去只有印刷体是统一字型，手写体是根据人们的习惯和爱好去写，没有统一的标准字体。近年来，随着经济发展，金融业、商业等逐渐采用一种适合商业、金融计数和计算工作需要的阿拉伯数字手写体。阿拉伯数字书写要采用规范的手写体，并要保持个人的独特字体，以防模仿；对于易混淆且笔顺相近的数字，在书写时，尽可能地按标准字体书写，区分笔顺，避免混同，以防涂改。阿拉伯数字手写标准字体如图 4-12 所示。

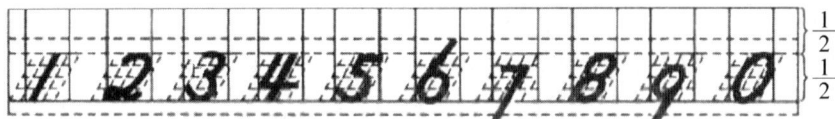

图 4-12　阿拉伯数字手写标准字体

注意：书写要下笔刚直，圆为椭圆，角有角尖。1、4、7 下笔全神贯注，不留不滞，飞流直泻，钢筋铁骨，给人以松柏挺拔之感，5、6、8、9 的直笔也应具此势。6 与 9 旋转 180°看是 9 和 6，不应有任何痕迹。2 与 3 上部类同，3 与 5 下部相似。8 有两种笔顺，都起笔于右上角，结束于右上角，这是符合阿拉伯数字书写习惯的，但第一笔写直笔容易写出字的气势来。

2. 阿拉伯数字书写要求

数字书写是计算工作的重要组成部分，同时也是经济工作者特别是财会人员的一项基本技能，会计工作离不开阿拉伯数字，数字书写的正确与否将直接影响工作效率的准确度。数码要写标准字体，在有金额分位格的账、表、凭证上，阿拉伯数字的书写，结合记账规则的需要，有特定的书写要求。

（1）写数时每个数字都要占有一个位置，每个位置表示各种不同的单位。数字所在位置表示的单位称为"数位"。数位按个、十、百、千、万的顺序是由小到大、从右到左排列的，但写数和读数的习惯顺序都是由大到小、从左到右的。

在书写阿拉伯数字时是与数位结合在一起的。书写的顺序是由高位到低位，从左到右依次写出各位数字，例如，伍佰叁拾肆应写为 534。一个一个认真地写，各自独立，不可潦草，不可模棱两可，不得连笔写，以免分辨不清。

账、表、凭证上书写的阿拉伯数字应使用斜体，斜度大约为60°。每个字要紧靠凭证或账、表行格底线书写，字体约占行格高度的二分之一，这样既美观又便于改错。阿拉伯数字前应写明币种符号，币种符号与阿拉伯数字金额之间不得留有空白。凡阿拉伯数字前有币种符号的，数字后边不再写单位。以元为单位的阿拉伯数字，除表示单价外，一律写到角、分；无角、分的，角、分位写"00"或符号"—"；有角无分的，分位应写"0"，不得写符号"—"。

（2）小写数字书写要采用"三位分节制"计数法。"三位分节制"计数法是国际上通用的一种计数方法，即对于整数位在四位或四位以上的数，从个位起，向左每三位数字作为一节，用分节点"，"或通过四分之一格分开，最前面不足三位的可单独成一个分节。数的小数位不用"三位分节制"计数法，带小数点的数应将小数点记在个位与十分位之间的下方。

"三位分节制"计数法较容易辨认数的数位，有利于数字之间的辨认、书写、阅读和计算。一般账、表、凭证的金额栏印有分位格，元位前每三位印一粗线代表分节号，元位与角位之间的粗线则代表小数点，计数时不要再另加分节号或小数点。

（3）字体要各自成形，大小匀称，排列整齐。有圆圈的数字如6、8、9、0等，圆圈必须封口。写"6"时比一般数字向右上方长出四分之一，写"7"和"9"时比一般数字下方（过行格底线）长出四分之一外，其他数字都要靠底线上书写，不要悬空。写"0"时要写成椭圆形，细看应接近轴对称与中心对称的几何图形，下笔要由右上角按逆时针方向画出，既不要写得太小，也不要开口，不留尾巴形。写"1"时下端应紧靠分位格的左下角。写"4"时顶部不封口，写第1笔时应上抵中线，下至下半格的四分之一处，并注意中竖是最关键的一笔，斜度应为60°，否则"4"写成正体了。写"8"时上边要稍小，下边稍大，注意起笔应写成斜"S"形，终笔与起笔交接处应成棱角，以防止将3改成8。

（4）从高位起，而后各位格数字必须写完整，没有数字用"0"添位。如伍万伍仟贰佰元整，数字各位格写法如表4-2所示。

表4-2　数字各位格写法

万	千	百	十	元	角	分
5	5	2	0	0	0	0

总之，数码的宽窄与长短比例要匀称，字型要完全一致，不许多笔或少笔，同样的数字要笔顺一致，字体一致，宽窄一致，圆韵一致，自然、柔软、平滑，力求美观大方。

（5）特别提醒：表示小写金额时，在没有位数分隔线的凭证、账、表上，所有以元为单位的阿拉伯数字，除表示单价等情况外一律写到角、分；无角、分的，角位和分位可写"00"或"—"；有角无分的，分位应当写"0"，不得以符号"—"代替。

二、中文大写数字书写技能

（一）中文大写数字书写的相关规定

1. 用正楷字体或行书字体书写

中文大写金额数字，主要用于发票、支票、汇票、存单等重要凭证的书写，为了易于辨认、防止涂改，应一律用正楷或行书字体书写。如壹、贰、叁、肆、伍、陆、柒、捌、玖、拾、零、佰、仟、万、亿、圆（元）、角、分、整等字样，不得用中文一、二、三、四、五、六、七、八、九、十或廿、两、毛、另（或0）、园等字样代替，不得任意自造简化字，大写金额数字到元或角为止的，在"元"或"角"字之后应当写"整"或"正"；大写金额有分的，"分"字之后不再写"整"或"正"。

2. "人民币"与数字之间不得留有空位

有固定格式的重要凭证，大写金额栏一般都印有"人民币"字样，书写时，金额数字应紧挨在"人民币"字样后面，在"人民币"字样与大写数字之间不得留有空位；大写金额栏没有印"人民币"字样的，应在大写金额数字前填写"人民币"三个字。

3．有关"零"的写法

一般在填写重要凭证时，为了增强金额数字的准确性和可靠性，需要同时书写小写金额和大写金额，且两者必须相符。当小写金额数字中有"0"时，大写金额要根据"0"所在的位置书写。

（1）对于金额数字尾部的"0"，不管有一个还是有连续几个，大写金额到非零数位后，用一个"整（正）"字结束，都不许用"零"来表示。如"¥3 400.00"的大写金额数字应写成"人民币叁仟肆佰元整"。

（2）对于小写金额数字之间有"0"的，大写金额数字应按照汉语语言规律、金额数字构成和防止涂改的要求进行书写。

①　小写金额数字中间只有一个"0"的，大写金额数字要写成"零"字。如"¥309.79"的大写金额数字应写成"人民币叁佰零玖元柒角玖分"。

②　小写金额数字中间连续有几个"0"的，大写金额数字可以只写一个"零"字。如"¥3 009.79"的大写金额数字应写成"人民币叁仟零玖元柒角玖分"。

③　小写金额数字元位是"0"，或者数字中间连续有几个"0"，元位也是"0"，但角位不是"0"时，大写金额数字中间可以只写一个"零"，也可以不写"零"。如"¥390.79"的大写金额数字应写成"人民币叁佰玖拾元零柒角玖分"或者写成"人民币叁佰玖拾元柒角玖分"。

④　小写金额数字角位是"0"而分位不是"0"时，大写金额"元"字后面必须写"零"字。如"¥391.09"大写金额数字应写成"人民币叁佰玖拾壹元零玖分"。

4．数字前面必须有数量字

大写金额"拾""佰""仟""万"等数字前必须冠有数量字"壹""贰""叁"……"玖"等，不可省略。特别是壹拾几的"壹"字，由于人们习惯把"壹拾几""壹拾几万"说成"拾几""拾几万"，所以在书写大写金额数字时很容易将"壹"字漏掉。"拾"字仅代表数位，而不代表数量，前面不加"壹"字既不符合书写要求，又容易被改成"贰拾几""叁拾几"等。如"¥130 000.00"大写金额数字应写成"人民币壹拾叁万元整"，而不能写成"人民币拾叁万元整"。

5．"整"的用法

"整"原始的含义是"整数"，将其作为截止符在大写金额中使用，可防止大写金额被人涂改。即大写金额数字到元或角为止的，在"元"或者"角"字之后应当写"整"或者"正"字；大写金额数字有分的，"分"字后面不写"整"或"正"字。如 ¥4 820.00 表示大写金额为：人民币肆仟捌佰贰拾元整；¥8 037.90 表示大写金额为：人民币捌仟零叁拾柒元玖角整。

6. "¥"的用法

"¥"是人民币的符号，是汉语拼音"Yuan"的缩写。我国 1948 年 12 月 1 日开始发行的人民币，是以"元"为单位，取元的拼音的第一个字母，再添加两横，组成"¥"，规定为人民币的符号。"¥"符号有双重含义，既代表人民币的币制，又表示人民币"元"的的单位。该符号用于人民币小写金额前，小写金额前填写人民币符号"¥"以后，数字后面不写"元"字。

"¥"主要应用于填写票证（发票、支票、存单等）和编制记账凭证，在登记账簿、编制财务报表时，一般不使用"¥"。

书写时在"¥"与数字之间不能有空位，以防止金额数字被人涂改。在登记账簿、编制财务报表时不能使用"¥"符号，因为账簿、报表上一般情况下不存在金额数字被涂改而造成损失的情况。在账簿或报表上如果使用"¥"符号反而会增加错误的可能性。

"¥"的几种计算机输入方法：

（1）智能 ABC 里按 V3 就可以找到"¥"符号。

（2）中文输入法状态下，按"Shift+4"组合键。

（3）按住"Alt"键，在小键盘上连续输入 0165 这四个数字，然后松开"Alt"键再输入"¥"。

（4）一般在输入法里都可以选择软键盘，右击选择"单位符号"就可以看到人民币符号"¥"。

7. 票据的出票日期必须使用中文大写

为防止变造票据的出票日期，在填写月、日时，月为壹至壹拾的，日为壹至玖和壹拾、贰拾、叁拾的，应在其前加"零"；日为拾壹至拾玖的，应在其前面加壹。如 5 月 15 日应写成零伍月壹拾伍日，票据出票日期使用小写填写的，银行不予受理。

票据和结算凭证上的金额、出票或者签发日期、收款人名称不得更改，更改的票据一律无效。票据和结算凭证金额以中文大写和阿拉伯数码同时记载的，二者必须一致，否则票据无效，银行不予受理。

票据和结算凭证上一旦写错或漏写了数字，必须重新填写单据，不能在原凭单上改写数字，以保证所提供数字真实、准确、及时、完整。

（二）中文大写数字书写的注意事项

（1）中文大写金额数字规定不得自造简化字。

（2）必须按照正确的书写要求认真填写有关凭证，并认真审查。

（3）票据出票日期使用小写填写的、大写日期未按要求规范填写的，银行不予受理。

（4）填写票据和结算凭证时必须做到标准化、规范化、要素齐全、数字正确、字迹清楚、不错漏、不潦草，防止涂改。各种票据和结算凭证的中文大写金额一律不许涂改，一经写错，须作废凭证，重新填写。

（5）结算凭证上已印好数位的，可在首个数字前的空位处用符号"⊗"占位，表示该位取消填写。如 ¥500.50，在印好数位的凭证中大写金额应写成：人民币⊗万⊗仟伍佰零拾零元伍角零分。

项目精要

通过本项目的学习，学生能够进一步加强对人民币常识的认知，能够明确收银员应掌握的点钞基本方法及技能，熟悉点钞方法的要求，强化会计书写能力。通过教师的提示，学生进行模仿练习，让学生在快乐中学习，培养学生的观察能力、思考能力，为实际工作打下坚实的基础，同时弘扬爱国情怀。

项目训练

任务训练一　思考题

1. 试述人民币的主要特征。

2. 如何区分伪币和变造币？

3. 请回答点钞的基本要求。

任务训练二　案例分析题

【任务资料】在一次交通事故中，车主胡某看到汽车车漆被人擦坏，在接受对方赔款时觉得太少，因而将对方所赔款的人民币纸币当场撕毁，结果受到公安机关 8 000 元的罚款。

【任务要求】请问公安机关的处罚是否正确？其处罚依据是什么？

上岗一试

【任务资料 1 及要求】为规范点钞技能，熟练掌握运用点钞方法，需从持钞、坐姿、手法、双肘关节位置、持钞方法、捻钞方法等方面逐一进行纠正，交叉反复进行练习。

根据下面六幅图片的内容说明点钞动作是否规范，并简要指出所存在的问题。

图1

图2

图3

图4

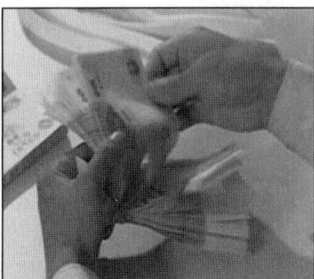
图5

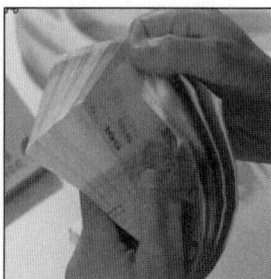
图6

【任务资料2及要求】将下列小写金额表示为大写金额。

¥4 703.00；¥310 008.00；¥5 200.00；¥2 670.43；¥4 500 000.68；¥203 810.06；¥5.70；¥4 590.16；¥305 000.28；¥704.07。

【任务资料3及要求】将下列大写金额用阿拉伯数字表示为小写金额。

人民币柒拾万零陆仟元整；人民币捌佰肆拾叁元贰角玖分；人民币伍仟捌佰陆拾陆万柒仟叁佰贰拾壹元整；人民币壹仟贰佰万零伍佰陆拾元零捌角贰分；人民币贰万叁仟陆佰捌拾元整；人民币玖万壹仟元零柒角伍分；人民币玖拾肆万零伍拾元零贰分；人民币捌万壹仟玖佰柒拾元整；人民币叁佰万元整；人民币陆仟柒佰万元。

项目五

收银服务规范

项目总体目标

知识目标：1. 掌握收银员礼仪的相关知识
     2. 熟悉收银员仪表礼仪、语言礼仪和行为礼仪
     3. 了解收银员礼仪的重要意义

能力目标：1. 增强收银员的服务意识和专业素养
     2. 能熟练应用收银员仪表礼仪、语言礼仪和行为礼仪

素质目标：学会谦和有礼、严谨认真、忠于职守

顾客李华在进行储值卡消费时，突然停电造成刷卡中断，收银员应怎样处理？

任务一　收银员仪容仪表规范

一、收银员礼仪认知

（一）礼仪

礼仪是指人类为维系社会正常生活而要求人们共同遵守的最起码的道德规范。它在人们长期共同生活和相互交往中逐渐形成，并以约定俗成的规范方式，表现律己敬人的过程。礼仪是一个国家、一个民族、一个单位的文明程度、社会风尚和道德水准的重要标志，也是一个人的思想觉悟、文化修养、精神风貌的基本体现。

礼和仪既有区别又有联系：

传统的解释——礼节和仪式，"礼"字和"仪"字都是尊敬的方式，"礼"多指个体性的，并且不需要借助其他物品就可以完成的形式，如磕头、鞠躬、拱手、问候等；"仪"则多指集体性的，并且一般需要借助其他物品来完成的形式，如奠基仪式、迎宾仪式、结婚仪式等。

在现代社会交往中，所谓"礼"是仪的本质，是人们对自己、对他人尊重、敬意的态度，使之合乎"情理"；"仪"是礼的现象，是让人在行为上恰如其分，使之合乎"事理"。

（二）收银员礼仪的重要意义

收银员是直接面向顾客、反映经营成果的财务人员，而财务工作者是公司的血脉，做得好是职业高手，做得不好就是职业杀手，可见，收银员的重要性是显而易见的。尤其在目前市场竞争激烈的情况下，顾客满意度高的服务及良好顾客关系的建立，成为服务业成功的基础。

1. 收银员对公司的责任

收银员是公司整体服务质量好坏的集中体现，要求做到心理素质好，有较高的自身涵养；对顾客说话时语言清晰简练，使用普通话；衣着要整洁，不染发，不着浓妆，不染指甲，不佩戴与工作无关的饰物，不吃带有异味的食品；自觉遵守公司制度；不得擅自套换外币；工作时间不得将私人款与公款混淆；长短款应按规定处理；结算款及营业收入不得拖欠公款，客离账清；交接班时做好交接手续；点清发票及相关营业单据、营业现金、客户挂账签单等；不得向无关人员泄露关于公司的营业收入情况、资料及数据。

2. 收银员对顾客的责任

收银员在提供结账服务时要有亲和力，发现问题应及时和营业员、店长沟通，以减少错误和损失，动作迅速而且必须准确。涉及收银台刷卡或需扫码支付时，如顾客需要输入密码，收银员应将视线偏离顾客输入区域。如出现损害顾客利益的现象，应承担相应责任。

二、收银员仪表礼仪

（一）仪表礼仪的含义

仪表礼仪是指人的外表，包括容貌、姿态、风度及个人卫生等方面。仪容在某种程度上也是仪表所包括的内容，泛指人的外观、外貌。一个人的仪表要与他的年龄、体形、职业和所在的场合吻合，仪表可以直接反映出个体的心理健康状况。因此，和谐的仪容仪表能给人以美感，可以影响到交往对象对行为主体的评价。

对收银员仪容仪表的总体要求：面必净，发必理，衣必整，纽必结，头容正，肩容平，胸容宽，背容直。

（二）收银员的容貌礼仪

1. 清洁的发型

收银员的头发应梳理整齐，保持头发清洁，经常洗头、剪发；头发不可遮及眉毛，发型造型不得过于夸张、怪异；发型美观大方，经常梳理头发，不得有头屑；男员工不留长发、大鬓角、小胡子；女员工不梳披肩发型，过肩长发必须束扎盘结，避免使用色泽艳丽、形状怪异的发饰。

2. 整洁的制服

每位收银员的制服，包括衣服、鞋袜、领结等，必须保持一致并且维持整洁、不起皱；执勤时，员工识别证职位配章必须配戴，别挂在统一且固定的位置；勤洗澡换衣，经常洗换工装，身上无异味。

3. 简洁的化妆

收银员化淡妆可以显得简单、大方并富有朝气，浓妆艳抹反而会造成与顾客之间的距离感；口红的颜色要适中，要与肤色相匹配，给人恰如其分的感觉。女员工不得涂有色指甲油。

4. 洁净的双手

超市经营的商品绝大部分属于食品，收银员在为顾客服务的时候要直接接触顾客选择的商品，所以应保持手部清洁；收银员的指甲不得藏污纳垢，指甲须短而干净，应经常修剪指甲，不得留长指甲，否则会造成工作上的不便。

（三）收银员的服饰礼仪

收银员的服饰礼仪

（1）工作时间不得佩戴有色眼镜，不得佩戴大圈或带坠耳环，不得戴项链、手链或脚链，以免妨碍工作。除了手表，可佩戴无镶嵌物的戒指一枚。

（2）按规定着装。服装熨烫平整，洁净无油渍，纽扣齐全无破绽。工装拉链必须拉上，长袖衬衣需扣紧袖口，衬衣下摆应扎放在裤、裙内，着长裤时要用皮带。

（3）左胸处端正地佩带服务牌。胸卡一律佩带于制服外衣的左胸，胸卡填写的内容需规范齐全，外套和内芯无破损、污渍。不得佩带无照片或经涂改的胸卡。

（4）鞋袜洁净，黑色皮鞋清洁光亮，无破损。不得穿拖鞋、凉鞋、草鞋或雨靴。男员工袜子一般为黑色，女员工袜子应与肤色相近，袜口不外露。着裙装时，应穿长袜，长袜不得短于裙子的下摆，并一律为肉色。

（四）收银员的精神面貌

收银员必须身体健康，五官端正，精力充沛，形容得体，态度真诚，心态平和，这些是收银员必须具备的基本条件，也反映出收银员良好的素质和修养，以及对工作的自信和责任感。

每位收银员在为顾客提供服务时，使顾客在购物之余，还能感受到愉快及亲切的气氛。当顾客愿意再度光临时，就是答谢工作人员的最好证明。因此，每位收银员皆应谨记超市并非只有一家，顾客可以选择光临或不光临，所以一定要提供最好的服务，让顾客再度惠顾。

任务二　收银员语言规范

一、收银员语言礼仪

（一）语言礼仪的含义

言谈作为一门艺术，是个人礼仪的重要组成部分。语言礼仪具有情感化，礼貌语是最明显的情感性语言符号。以声传意，以声传情，人的喜、怒、哀、乐都由声音直接表达出来。礼仪是指人们在社会交往活动中形成的行为规范与准则。具体表现为礼貌、礼节、仪表、仪式等。

（二）礼貌

收银员的态度要诚恳、亲切；声音大小要适宜，语调要平和沉稳；尊重他人。

（三）交谈的礼仪

尊重是交谈礼仪的前提。

1．态度

收银员应尊重对方、谦虚礼让，善于理解对方，然后因势利导地谈论话题。对别人的谈话，应认真倾听，并鼓励引导对方阐明自己的思想。对于正确的意见，应表示赞同；对于不同的看法，若无原则性问题，可以姑且听之，不必细究。若是事关原则，可以婉转相告，表述自己的看法，但不要咄咄逼人，以免使别人难堪。要避免一切直接触犯他人感情的话。言谈中，要避免一切独断的言论。

2．形体动作

两人交谈时，最好目光交流持同一水平。说话时不要东张西望，也不要目不转睛地盯着对方或目光冷漠地看着对方。谈话时也可以适当运用一些手势来加强语气、强调内容。但手势不能太多，幅度不宜过大。切忌用手指点对方。

3．语速和音量

说话尽可能吐字清晰，不快不慢。声音要适中，以对方能够听清和不妨碍他人交谈为宜。

（四）问候的礼仪

问候礼是服务接待人员在日常工作中结合时间、场合及对象的特点，所使用的向顾客表示亲切问候、关心及祝愿的语言。

1．问候的内容

问候内容分为直接式和间接式两种，分别适用于不同的场合。

（1）直接式问候。

所谓直接式问候，就是直接以问好作为问候的主要内容。它适用于正式的交往场合，特别是在初次接触的陌生商务及社交场合，如"您好""大家好""早上好"等。

（2）间接式问候。

所谓间接式问候，就是以某些约定俗成的问候语，或者在当时条件下可以引起的话题，主要适用于非正式、熟人之间的交往。如"最近过得怎样""忙什么呢""您去哪里"等，来替代直接式问候。

2．问候的态度

问候是敬意的一种表现，在态度上要注意以下几点。

（1）主动。

向顾客问候时，要积极主动。当顾客首先向服务接待工作人员问候之后，服务接待工作人员要立即予以回应，不要摆出一副高不可攀的姿态。

（2）热情。

收银员向顾客问候时，要表现得热情、友好、真诚。

（3）大方。

收银员向顾客问候时，要表现得大方。矫揉造作、神态夸张，或者扭扭捏捏，反而会给人留下虚情假意的坏印象。问候的时候，要面含笑意，与他人有正面的视觉交流，以做到眼到、口到、意到。不要在问候对方的时候目光游离、东张西望，否则会让对方不知所措。

3．问候的次序

在正式场合，问候一定要讲究次序。

（1）一对一的问候。

一对一，两人之间的问候，通常是"位低者先问候"。即身份较低者或年轻者首先问候身份较高者或年长者。

（2）一对多的问候。

如果同时遇到多人，特别在正式会面的时候，这时既可以笼统地加以问候，比如说"大家好"，也可以逐个加以问候。当一个人逐一问候多人时，既可以由"尊"而"卑"、由"长"而"幼"地依次而行，也可以由"近"而"远"地依次而行。

（五）应答礼仪

应答礼仪是服务人员在工作中回答顾客询问时所表现出的礼仪行为。使用应答礼仪时应该注意以下几种情形。

收银员的应答礼仪

（1）应答顾客询问要站立答话，而且思想集中，全神贯注地聆听；不能侧身，或目视别处，或心不在焉，或说话有气无力，提倡边听边记录的职业习惯。

（2）应答顾客提问或征询有关事项时，语言应简洁、准确，语气婉转，声音大小适中，不能随心所欲地谈天说地，或声音过大，或词不达意。

（3）如果顾客讲话含糊不清或语速过快时，可以委婉地请顾客复述，不能听之任之，凭主观臆想，随意回答。

（4）回答多位顾客询问时，应从容不迫，按先后次序、轻重缓急，一一作答，不能只顾一位顾客，而冷落了其他顾客。最重要的是：只要答应顾客要办的事情，应言而有信、迅速地按要求去办理，不能敷衍了事，疏忽遗漏。

（5）对于顾客提出的无理要求，须沉得住气，或婉言拒绝，或委婉地回答："可能不会吧""很抱歉，我确实无法满足您的这种要求"，表现得有教养，体现出有风度而不失礼。

（6）对于顾客直率的批评指责，如果确实属于员工操作不当或失职所致，应首先向顾客道歉，对顾客的关注表示感谢，并立即报告或妥善处理。

（六）收银员工作时的禁忌

（1）收银员在为顾客提供结账服务时，从头至尾不说一句话，只是闷着头打收银机，脸上也没有任何表情。

（2）给顾客找钱时，未将零钱以双手交给对方点数，而是将发票及零钱放在收银台上，即进行装袋工作，或进行下一笔结账作业。

（3）为顾客提供装袋服务时，不考虑商品的性质，全部放入同一购物袋内，或者将商品丢入袋中。

（4）顾客询问是否还有特价品时，收银员以不耐烦的口气用一句话来打发顾客。例如，"不知道""你去问别人""卖光了""没有了""货架上看不到就没有了""你自己再去找找"等。

（5）收银员彼此互相聊天、谈笑，当有顾客走来时，往往不加理会或自顾自地做事。等到顾客开口询问时，便以敷衍的态度回答，然后继续聊天或做自己的事。

（6）当顾客询问时，只是让对方等一下，即离开不知去向。由于没有告诉对方离去的理由，使顾客不知所措，不知道到底要不要等或等多久。

（7）在顾客面前，和同事议论或取笑其他顾客。

（8）当顾客在收银台等候结账时，负责该柜台的收银员突然告知顾客："这台机不结账了，请到别的收银机结账"，立即关机离开。这让排队的顾客浪费了许多等候的时间（必须重新排队）。

二、收银员服务用语

（一）常用的待客用语

收银员与顾客应答时，除了应将"请""谢谢""对不起"随时挂在口边，还有以下一些常用的待客用语。

（1）欢迎光临/您好！（当顾客走近收银台或服务台时。）

（2）对不起，请您稍等一下。（欲离开顾客，为顾客提供其他服务时，必须先说这句话，同时将离开的理由告知对方，例如，"我马上去仓库查一下"。）

（3）对不起，让您久等了。（当顾客等候一段时间时。）

（4）是的/好的/我知道了/我明白了。（顾客在叙述事情或接到顾客的指令时，不能默不作声，必须有所表示。）

（5）谢谢！欢迎再度光临。（当顾客结束购物时，必须感谢顾客的惠顾。）

（6）总共××元/收您××元/找您××元。（为顾客提供结账服务时。）

（二）状况用语

1. 遇到顾客抱怨时

遇到顾客抱怨时，应先将顾客引到一旁，仔细聆听顾客的意见并予以记录，如果问题严重时，应立即请主管出面向顾客解说。其用语为："是的，我明白您的意思。我会将您的建议呈报店长并且尽快改善。"

2. 顾客抱怨买不到货品时

顾客抱怨买不到货品时，应向顾客致歉，并且给予建议。其用语为："对不起，现在刚好缺货，让您白跑一趟，您要不要先买别的牌子试一试？"或者"您要不要留下您的电话和姓名，等新货到时立刻通知您。"

3. 不知如何回答顾客的询问，或者对答案没有把握时

不知如何回答顾客的询问，或者对答案没有把握时，绝不可回答"不知道"，应回答"对不起，请您等一下，我请店长（或其他主管）来为您解说。"

4. 顾客询问商品是否新鲜时

顾客询问商品是否新鲜时，收银员可以用肯定、确认的语气告诉顾客："一定新鲜，如果您买回去发现不新鲜，可以给您办理退款或者换货。"

5. 顾客要求包装所购买的礼品时

顾客要求包装所购买的礼品时，收银员可微笑地告诉顾客："好的，请您先在收银台结账，再麻烦您到前面的服务台（同时比手势，手心朝上），由专人为您包装。"

6. 当顾客询问特价品信息时

当顾客询问特价品信息时，收银员应口述数种特价品，同时拿宣传单给顾客，并告诉顾客："这里有详细的内容，请您慢慢参考选购。"

（三）称呼的礼仪

称呼礼是指服务接待人员在与顾客或他人接触过程中交谈、沟通信息时应恰当使用的称谓行为。

人际交往中，选择正确、适当的称谓，反映着自身的教养、对对方的尊敬，甚至还体现着双方关系所达到的程度和社会风尚，因此不能随便乱用。

选择称呼要合乎常规，要照顾被称呼者的个人习惯，入乡随俗。在工作岗位上，人们相互之间的称谓是有其特殊性的，要庄重、正式、规范。

1. 职务的称呼

以交往对象的职务相称，以示身份有别、敬意有加，这是一种最常见的称谓。有三种情况：称职务、职务前加上姓氏，职务前加上姓名（适用于极其正式的场所）。

2. 职称的称呼

对于具有职称者，尤其是具有中级、高级职称者，工作中直接以其职称相称。称职称时可以只称职称、职称前加上姓氏、职称前加上姓名（适用于十分正式的场所）。

3. 行业的称谓

工作中，有时可按行业进行称呼。对于从事某些特定行业的人，可以直接称呼对方的职业，如老师、医生、会计、律师等，也可以在职业前加上姓氏、姓名。

4. 性别的称呼

对于从事商业、服务业的人，一般约定俗成地按性别的不同分别称为"女士""先生"。

5. 姓名的称呼

工作岗位上称呼姓名，一般限于同事、熟人之间。有三种情况：直呼其名；只呼其姓，要在姓前加上"老、大、小"等前缀；只称其名，不呼其姓，通常限于同性之间，尤其是上司称呼下级、长辈称呼晚辈，亲友、同学、邻里之间，也可使用这种称呼。

作为收银员，因与顾客接触时间短暂，所以可以根据顾客的年龄进行称呼，以得体、亲切为主。年龄长者可以称为"大爷""大叔""大娘""大妈"或者是"老人家""阿姨"等都可以，年龄不好判断的人就采取模糊的称呼，或者直接用"同志"，或直接与顾客交流服务项目就可以。不要因为乱称呼而引起不必要的麻烦。

任务三　收银员行为规范

行为规范，是社会群体或个人在参与社会活动中所遵循的规则、准则的总称，是社会认可和人们普遍接受的具有一般约束力的行为标准。

1. 站姿礼仪（以女性为例）

站姿要求：头端目正，下颌微收，双肩平正并稍向后张，右手叠放于左手上，虎口交相握，自然垂直放于体前。挺胸、收腹、提臀；双膝尽量靠拢，脚尖成30°张开（其间距以一拳为宜），脚跟并靠，身体重心自两腿间垂直向下，全身重量均匀分步于双脚，不要集中于脚跟或脚尖。

2. 坐姿礼仪（以女性为例）

坐姿要求：头部端正，上身平直，上颚稍向前送，目光目视前方；挺胸，直腰，身体重心集中在腰部，双手自然放于腿上，两腿并拢，双膝相靠，腿自然弯曲，小腿与地面垂直，双脚并拢平放于地面，两脚前后放置，相差不超过半个脚长。

3. 行走礼仪（以女性为例）

行走要求：上身平直端正，稍向前倾 3°～5°，双眼平视前方，两肩左右相平，不前后左右摇晃。行走时，双手五指自然并拢，两臂以肩为轴自然摆动，前摆时肘关节稍微弯曲，后摆时幅度不宜过大，30°～50°为宜，不用力甩腕，双腿在行走过程中直而不僵。走步时，脚尖方向要端正，双脚沿直线平行向前，步幅不宜过大，步频不宜过快。

4. 手势礼仪

指引手势：五指并拢，掌心朝上，手臂以肘关节为轴，自然从体前上扬并向所指方向伸直（手臂伸直后应比肩低），同时上身前倾，头偏向指示方向并以目光示意。

交谈手势：与人交谈使用手势时，动作不宜过大，手势不宜过多，不要用拇指指向自己（应用手掌轻按左胸），不要击掌或拍腿，更不可手舞足蹈。手势礼仪如图 5-1 所示。

图 5-1　手势礼仪

知识链接

尊重为本——商务礼仪的基本理念

商务礼仪最重要的就是四个字：尊重为本。从专业角度来讲，有两个层面：自尊与尊重他人。

第一层面——出发点：自尊自爱。

自尊是尊重的出发点，在人际交往中，不自尊自爱的人是没有尊严和地位的，也没有形象可言。商务交往中的自尊是通过言谈举止、待人接物、穿着打扮等表现出来的。在商务交往中，自尊自爱是出发点。没有自尊自爱就不能赢得交往对象的尊重。

第二层面——基本要求：尊重他人。

自尊是尊重别人的出发点，尊重别人是对我们自己的基本要求。尊重别人有三个注意事项：

1. 对交往对象进行准确的定位

尊重他人的前提是你要了解他人，了解男女之间的共性和个性。具体方面，你要明白他是什么身份、什么社会地位、什么职业、什么见识、什么阅历、受过什么教育，这样便于加深了解，互相尊重。

2. 共同遵守规则

共同遵守规则的目的是每个人都按部就班、各司其职，有顺序、有条理、有安排，互不影响，互不打扰。

3. 尊重他人具体的做法就是遵循 3A 定律

美国学者布吉尼教授提出，不能只见到物不看到人，强调重视人际关系的处理。处理人际关系应重视三方面，即 3A，金正昆教授将其称为"向交往对象表示尊重和友好的三大途径"。

（1）（Accept）接受对方。

宽以待人，如服务行业所讲"顾客永远是对的"。

交谈时的三不准：不要打断别人；不要轻易对对方说的话进行补充；不要随意更正对方。

一般而言，得罪人往往不是在大是大非的原则性问题上，而是让人难堪下不了台。

（2）（Appreciate）重视对方。

① 不提缺点。

② 善于使用尊称：如对方有行政职务/技术职称，应称呼其职务/职称；女士、先生以约定俗成的泛尊称相称；记住对方，实在记不住哪怕点点头也不要张冠李戴。

（3）（Admire）赞美对方。

要善于发现并欣赏对方的长处。

注意要点：实事求是、恰如其分地赞美对方，有助于人际关系的和谐。

❓ 项目精要

通过本项目的学习，学生能够掌握收银员工作行为礼仪的具体要求。收银员是企业的一线员工，是直接为客户提供服务的人员，能够代表企业形象，影响企业公信力。因此，收银员服务礼仪规范对于企业来说是非常重要的。

📂 项目训练

任务训练一　思考题

1. 请回答礼仪的含义。

2. 简要描述语言礼仪。

3. 请阐述行为礼仪的要点。

任务训练二　案例分析题

【任务资料】

汤姆在一家超市当收银员。有一天，他与一位中年妇女发生了争执。"小伙子，我已将50 美元交给您了。"中年妇女说。"尊敬的女士，"汤姆说，"我并没收到您给我的 50 美元呀！"中年妇女有点生气了。汤姆马上说："我们超市有自动监视设备，我们一起去看一看现场录像吧！这样，孰是孰非就很清楚了。"中年妇女跟着他去了。录像表明：当中年妇女把50 美元放到一张桌子上时，前面的一位顾客顺手牵羊给拿走了，而这一情况，谁都没注意到。汤姆说："女士，我们很同情您的遭遇。但按照法律规定，钱交到收银员手上时，我们才承担责任。现在，请您付款吧！"中年妇女的说话声音有点颤抖："你们管理有欠缺，让我受到了屈辱，我不会再到这个让我倒霉的超市来了！"说完，她付了款就气冲冲地走了。超市总经理约翰当天获悉了这一事件。他当即做出辞退汤姆的决定。一些部门经理，还有超市员工都找到约翰为汤姆说情和鸣不平，但约翰的意志很坚决。汤姆很委屈。约翰找他谈话："我想请你回答几个问题。那位妇女做出此举是故意的吗？她是不是个无赖？"汤姆说："不是。"约翰说："她被我们超市人员当作一个无赖请到保安监视室里看录像，是不是让她的自尊心受到了伤害？还有，她内心不快，会不会向她的家人、亲朋诉说？她的亲人、好友听到她的诉说后，会不会对我们超市也产生反感心理？"面对一系列提问，汤姆都一一说"是"。约翰说："那位中年妇女会不会再来我们超市购买商品？像我们这样的超市在纽约有很多家，凡是知道那位中年妇女遭遇的，她的亲人会不会再来我们超市购买商品？"汤姆说："不会。""问题就在这里，"约翰递给汤姆一个计算器，然后说，"据专家测算，每位顾客的身后大约有250位亲朋好友，而这些人又有同样多的各种关系。如果商家得罪一位顾客，将会失去几十位、数百位甚至更多的潜在顾客；而善待每位顾客，则会产生同样大的正效应。假设一个人每周到商店里购买20美元的商品，那么，气走一位顾客，这个商店在一年之中会有多少损失呢？"几分钟后，汤姆就计算出了答案，他说："这个商店会失去几十万甚至上百万美元的生意。"汤姆说："通过与您谈话，使我明白了您为什么要辞退我，我会服从您的决定。"

【任务要求】汤姆还有一个疑问，遇到这样的事件应该如何处理？请同学们简要说明理由。

✖ 上岗一试

【任务资料及要求】请到附近大型商场、超市或星级宾馆实地观察前台工作人员的服饰、妆容及接待顾客的言谈举止。找出大型商场、超市或星级宾馆前台工作人员在接待工作中礼仪的优缺点。通过模拟实战，结合所学理论知识情景带入，模拟演练收银员工作时的服饰搭配、妆容修饰及待人接物的工作过程。

项目六

收银工作管理

项目总体目标

知识目标：1. 掌握设零、兑零及营业款上缴的基本流程
　　　　　2. 熟悉收银工作排班与排岗的原则、步骤和
　　　　　　 方式
　　　　　3. 熟悉零用金、大钞预收管理的基本内容
　　　　　4. 了解总收款室的岗位职责及管理规则
能力目标：1. 能够科学、合理地进行排班和排岗
　　　　　2. 能够处理收银工作中产生的纠纷与投诉
素质目标：学会团结合作、严谨认真、规范做事

某超市经过重新装修准备开业，在开业之前，该超市的张经理为制订合理的排班计划绞尽脑汁，假若营业时间为9∶00—21∶00，共12个小时，安排2个班次，张经理应如何制订相关的排班计划？

任务一　收银工作排班和排岗

商场或超市营运时间长，且中间没有休息时间，如果不进行科学地排班，收银员将难以承受超常的工作时间和体力消耗。因此，为了配合作息时间，有效提高工作效率，必须根据营业情况，对所有收银员科学地予以轮班及轮休安排，以便为顾客提供最佳的服务。

一、收银工作排班操作

排班是收银工作的重要环节，排班过多和排班不足都会影响对顾客服务的水平，增加商场或超市的人力成本。收银员不仅要有丰富的经验，还要根据系统报告进行有效分析，使预计的排班能最大限度地与实际的销售额相匹配，为顾客提供最佳的服务。

收银工作排班操作

（一）收银排班的原则

1. 及时服务顾客原则

原则上保证每台收银机前排队等候结账的顾客不超过5人，客流多时也有超过5人的情况。

2. 匹配营业交易原则

因为不同时段的营业额、结账顾客数量的不同，收银员上班人数安排上也应有所差别。收银台开机数量要与不同时段的营业额、结账顾客数相匹配，营业高峰期间开机数量多，营业低峰期间开机数量少。

3. 简单操作原则

为了体现方便原则，尽量使收银员每周的班次简单易记，如每周上同一班次，而不是一周内两三个班次轮换。

4. 成本效益原则

结合商场或超市的总体运营情况，将总工时控制在合理范围内，避免收银员闲置状况，有效减少人力开支，更好地体现门店低成本经营策略。

（二）收银排班应考虑的因素

收银排班应考虑门店的营业时间，营业尖峰、离峰时间，假期、节令及促销活动，正式人员与兼职人员相互搭配等因素。

1. 营业时间的长短

营业时间的长短是考虑班次的主要因素之一。根据商场或超市的具体情况，营业时间在 12 个小时左右，可安排 2 个班次。

2. 各时段的客流量

尽管在这 12 个小时的营业时间内，随时都有顾客光顾，但是仔细观察，可以发现顾客通常集中在某几个时段，也就是商场或超市的高峰营业时间。

资料库 6-1　　　　　商场、卖场或超市客流高峰时期做法

3. 节假日和促销活动期

遇到国家公休日、法定假日、寒暑假、民俗节庆或商场促销期间，商场或超市的营业状况往往比平日好很多，不仅顾客人数较多，每个顾客的平均购买金额也会比较高，尤其在促销期间，有时还要配合赠送券、摸彩等活动，销售额也同样高很多，因此这时是最需要人手的时候，必须在排班上做一些调整，或设法将收银员的休假调开。

4. 店内收银员的人数

商场或超市发展到一定阶段，收银客服部可聘兼职收银员。兼职收银员从营业员中选拔，根据工作需要灵活安排岗位。一般而言，正式收银员都应经过完整的培训，熟悉商场或超市的整体收银作业，而兼职人员只担负了部分工作、现金管理和特殊情况的处理等，在高峰期或假日，则可弹性安排兼职人员，以配合营业需要。

资料库 6-2　　　　　掌握储备收银员名单

5. 备用人力训练与掌握

（1）分店应有计划地训练非收银部人员，以储备受过考核的后备收银员。

（2）分店店长应排出各部门人员培训计划，收银部依此计划表按照新进收银员培训标准培训储备人员。

（3）储备人员达到上岗要求，由分店人事部发放上岗证，各级储备人员的收银培训与上岗表现将纳入其晋升加薪考核内容。

（4）储备人员上机时，以支援装袋为第一优先，正式收银员不足时，再考虑让其直接收银，以免因操作不熟练而产生大笔多打、漏打及现金差异的情况。储备人员如发生多打、

漏打及现金差异，按"收银员漏打、多打及现金差异考核规定"执行。

（5）储备收银员上机程序同正式收银员。

6. 其他因素

商场或超市员工数量可随客流量大小而调整，在满足一定服务质量的前提下，减少人力资源投入，可以降低运作成本。

（三）收银排班的步骤

1. 纠正以前排班的问题

收银排班前，首先参考过去一个阶段或上个月、去年的排班情况，特别是对上一阶段中排班不足或排班过多的情况进行调整。

2. 预计本时段的销售额

对本次排班的整个时间段的销售额进行预估，包括对周末和工作日的销售额的计算。

3. 确定开机数量

对每天各个不同阶段的销售额进行分析，确定各个重要时间段所需要开机的数量或根据经验决定开机的数量。

4. 进行初步排班

考虑影响排班的要素，并初步排出科学合理的班次。

5. 确定收银员排班表

对排班做进一步的调整，并考虑员工不同班次的调整。在公布栏中张贴"员工排班表"，以便收银员查阅。

（四）排班表制作程序

（1）根据是否是节假日及来客数，排定每天人力需求，确定合理班次。
（2）将每位收银员每天的班次填入"员工排班表"中。
（3）确定每天每班次机动人力，以备足因特殊原因员工不能到岗的替代人员。
（4）将每周有可能造成结账拥挤的时段，在时段排队人数表中用彩色笔涂色，以提醒当班主管，提前观察现场状况，决定是否需要调度人力增开机台或装袋。员工排班表如表 6-1 所示。

（五）排班注意事项

（1）周末不排休，周一至周五安排休息，周五排休人数要比平时少。
（2）不能连休两天或两天以上，不能跨月休，法定节假日不排休。
（3）临近重大节假日的，看情况申请提前安排收银员休假或延后休假。
（4）根据客流量情况随时安排员工加班。

表 6-1 员工排班表

分店名称　　　　　　　　　　排班时间：　　年　月　日

部门：　　　　　　　　　　制表人：　　　　　　　　　审核人：

序号	工号	姓名	1	2	3	4	……	总计工作天数	总计休息天数
1									
2									
3									
4									
5									
6									
…									
备注									

（5）每周排班尽量早晚班、长短班搭配，新老员工搭配，力求轮班分配公平。

（6）交接班人数合理，避免在客流高峰时换班。

（7）春节之前一个半月，收银部经理须向分店人事部门申请加员，以满足春节来客数增加所增加的工作量。

（8）每日收银部主管预估明日来客数，并反思已排班优缺点，适度调整人员排班。

（9）在机台未开足情况下，顾客排队人数以 3 人为警戒点，超过 3 人需增派人力，顾客排队人数最多不超过 5 人。

（10）应挑选品行优良、技能娴熟的收银员在退换货中心及各专柜做收银工作。收银部主管在排班时应注意这些岗位人员须定期论调，以免日久滋生弊端。

二、收银工作排岗操作

收银排班决定某一时间收银机的最大开机数量和收银员的人数，而收银工作的排岗则确定收银机实际的开机数量和开机的具体位置。

（一）收银工作排岗原则

1. 数量原则

数量原则即要遵循收银 3 人原则与满开机原则。收银 3 人原则要求超过 3 名顾客排队，必须加开新机；满开机原则要求营业高峰期间，开机的最大数量是开满所有的收银机，不是排班上的最大开机数量。

2. 位置原则

位置原则即要遵循不选择原则、方便顾客原则和平衡分流原则。不选择原则要求收银员不能自己要求某一指定的收银机上机，必须服从收银主管的安排；方便顾客原则要求便于顾客寻找、选择离顾客购物区域较近的收银机；平衡分流原则要求分流顾客，避免过多的顾客集中拥挤在某几个或某一小区域内付款。

3. 匹配原则

根据付款顾客人数的多少决定开机的数量和位置。

（二）收银工作排岗技巧

1. 客流法

根据付款顾客人数的多少决定开机的数量和位置。即在某一时间段内，某一区域的客流量较多时，临近区域的收银机开机。例如，早晨商场或超市中购买生鲜食品的顾客多，则临近该区域的收银机优先开机；当某几个收银机客流较多时，挑选熟练、快速的收银员排岗；根据客人的流量，随时决定开机的位置和数量。

2. 区域法

特别区域必须保证全工作时间内开机，如精品区域；排岗考虑较大的区域内要有开机，以保证分散客人，付款方便；即使某个收银区的付款顾客较少，也需要开机分散顾客。

（三）收银工作餐的安排

1. 工作餐的安排原则

（1）必须保证收银员能够在合理的工作时间内进工作餐，不能过早、过迟，甚至取消工作餐时间。

（2）安排工作餐时以不影响收银为最佳的安排原则。

（3）工作餐由收银主管统一安排，收银员可请求用餐，但不得未经安排擅离岗位。

2. 工作餐安排要求

（1）轮流：收银主管根据排班和排岗记录，轮流进行安排。

（2）换岗：即将进工作餐的收银员班结，另一收银员重新上机，收银机保持继续开机状态。

（3）暂停：即将进工作餐的收银员暂停收银，收银机保持关机状态。

三、设零与兑零

收银营运包括收银工作的排班与排岗，收银机的设零与兑零，以及营业款上缴等工作环节。其中每个环节对于商场或超市等零售企业的收银工作都非常重要，在任何一个环节上出现问题都会影响企业的工作效率和服务水平。

（一）设零与兑零的含义

设零是指收银员上岗前（包括每日营业前和营业间重新上岗前），必须设置收银机起始零用金，并将设置好的零用金放在收银机的钱箱内。每台收银机的起始零用金相同。

兑零是指营业时间内为收银机提供兑换零钱服务。

（二）设零与兑零的目的

（1）设零的目的：保证收银机在进行收银程序时可以找零。

（2）兑零的目的：保证每一台收银机在营业期间任何时候都有足够的零钱找零。

（三）设零与兑零程序

1. 设零程序

设零程序如图 6-1 所示。

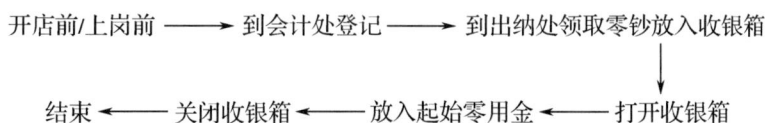

```
开店前/上岗前 ──→ 到会计处登记 ──→ 到出纳处领取零钞放入收银箱
                                              │
                                              ↓
结束 ←── 关闭收银箱 ←── 放入起始零用金 ←── 打开收银箱
```

图 6-1　设零程序

2. 兑零程序

兑零程序如图 6-2 所示。

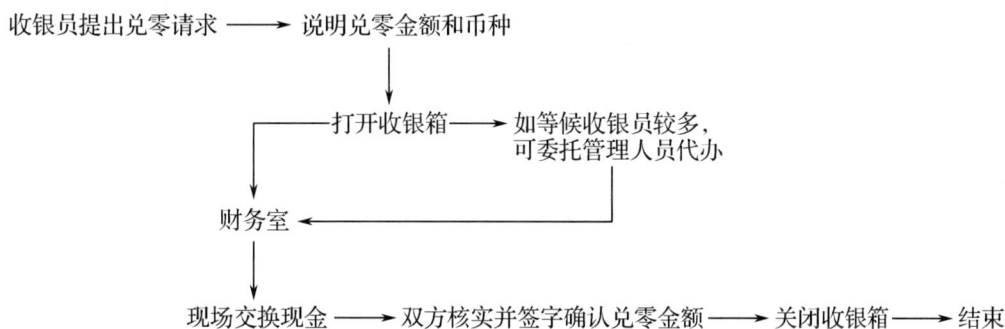

```
收银员提出兑零请求 ──→ 说明兑零金额和币种
                            │
                            ↓
         ┌── 打开收银箱 ──→ 如等候收银员较多，
         │                   可委托管理人员代办
         ↓                        │
       财务室 ←──────────────────┘
         │
         ↓
    现场交换现金 ──→ 双方核实并签字确认兑零金额 ──→ 关闭收银箱 ──→ 结束
```

图 6-2　兑零程序

（四）设零与兑零的原则

1. 设零的原则

（1）相同原则：所有收银机任何时间设置的起始零用金相同。

（2）起始原则：收银员在重新上岗前必须重新设置起始零用金。

（3）不交接原则：设置零用金者与收银员均不得清点收银箱起始零用金。

（4）授权原则：起始零用金只能由商场或超市收银管理层设置，并接受保卫人员的监督。

2. 兑零的原则

（1）充足原则：必须有足够的零用现金，以随时满足收银机的兑零需求。

（2）时间原则：兑零可随时进行，没有时间限制，在接到收银员兑零请求时应立即进行。

（3）地点原则：兑零必须在需要兑零的收银机岗位旁进行，不得远离岗位。

（4）现场核实结算原则：管理层与收银员现场确认现金数量、币种是否正确及钱币的真伪，不得赊账或过后算账。

（5）授权原则：兑零只能由经商场或超市授权的收银管理层进行，收银员之间禁止进行兑零或帮助兑零。

（五）设零与兑零营运表

1. 设零营运表

设零营运表如表6-2所示。

表6-2　设零营运表

设零时间	
设零地点	
设零人员	
零用金可否清点	

2. 兑零营运表

兑零营运表如表6-3所示。

表6-3　兑零营运表

设零时间	
设零地点	
设零人员	
兑零现场核实结算	
收银员可否相互兑零	

任务二　总收款室工作

为配合商场或超市收银工作的顺利开展，商场或超市等企业一般都设有总收款室。总收款室的主要业务是准确、准时地处理和结算企业每天的营业资金；计算并处理收款差异；与财务部和开户银行及时对账；为商场或超市各收银台准备零用金，并每天向企业管理层提供相关的收银情况报表和报告。

一、总收款室工作认知

（一）总收款室岗位职责

（1）总收款室本着为前台一线服务的宗旨开展工作，严格按照规范程序进行业务操作。

（2）收取各收银台交回的现金交款单、支票、银行卡单、优惠券等单据；定期与财务部和开户银行对账。

（3）在规定时间内，及时为每台收银机兑换零钱，保证正常收银找零的需求。

（4）核对各收银台应收款与实收款的差额，查明长、短款金额，整理收款单据，监督营业资金及时入账，及时汇总上缴情况。

（5）发放办公用品，保证各种信用卡打印凭条、POS签购单及银行对账单等及时到位。

（6）负责销售发票的领用、收回、检查等工作。

（7）在规定时间内，收取各收银台交回的支票、银行卡单、优惠券等相关单据，并分类汇总填写进账单；对收回的支票、银行卡单、优惠券分别处理。

（二）总收款室岗位管理

（1）进入总收款室的员工必须经过授权或临时授权，未经授权的人员不能随便进入总收款室。

（2）总收款室人员执行秘密原则，保险柜密码、金库门密码、电脑操作密码等均不得泄露给总收款室的其他同事或其他人员。

（3）总收款室的环境要安全可靠，制定门禁、防盗、资金存放、安全存款、资金安全进出等方面的安全制度。

（4）任何时候，现金处理不得单独一人操作，必须两人以上同时进行；任何时候，总收款室不得一人留守，全体班次人员必须同进同出。

（5）总收款室最重要、最基本的工作原则是"准确原则"，并实行"银行化"作业，对各项业务的处理必须具有百分之百的准确度。

（6）银行卡签购单、支票、现金及备用的零用金，必须存放在不同的保险柜或在保险柜中分开存放。

（7）当日的现金必须当日处理完毕，当天的工作必须当天完成。任何工作结束，都应将所有现金放入金库保险柜中，工作台面上不得留有任何现金。

（8）知道保险柜密码的人都必须登记在册，任何人辞职时都必须及时更换密码。所有保险柜钥匙不得带出总收款室。

（三）总收款室工作程序

1. 营业前工作程序

（1）早班人员到岗打开门禁，查看交接班记录。

（2）与款箱押运员交接钱袋，清点无误后，按取袋卡给收银员发放零用金钱袋。

（3）打扫整理总收款室的卫生，并整理各种单据。

（4）发放发票及收银台办公用品，由收银主管签字。

（5）发放当值的收银机钥匙，由收银主管签字。

2. 营业中工作程序

（1）大钞预收并处理预收款。

（2）将预收款及时存入银行。

（3）为各收银台提供兑零服务。

（4）抽查收银机发票、退换货小票、购物小票；及时与财务部和银行对账。

（5）处理收银员班结交款业务。

（6）处理前台收银差异。

3. 营业后工作程序

（1）结束当天的营业资金处理工作。

（2）汇总工作情况并填制相关报表。

（3）结束当天的其他工作。

二、收银机零用金管理

总收人员负责准备、盘点收银机每日的零用金，并负责零用金的安全管理。

（一）收银机零用金的流转程序

（1）收银主管统一设置所有收银机零用金。

（2）总收人员为所有收银机准备零用金。

（3）总收人员营业前为收银员发放收银机零用金。

（4）收银主管和总收人员按要求给收银员兑换零钱。

（5）每日营业后将次日所需的零用金装入零用金专用钱袋，以备次日使用。

（二）收银机零用金的准备

1. 收银机零用金的币值组合

收银机零用金的币值组合如表 6-4 所示。

表6-4 收银机零用金的币值组合

序 号	币值/元	币 种
1	50	纸币
2	20	纸币
3	10	纸币
4	5	纸币
5	1	纸币或硬币
6	0.5	硬币
7	0.1	硬币

2．收银机零用金的组合方案

收银机零用金的组合方案，应注意节假日组合方案和周末、节假日组合方案的差异性。

（三）填制零用金登记表

总收人员在给每个零用金袋子准备好零用金以后，还应由专人负责复核零用金的种类及金额是否正确，并填制"零用金登记表"以明确责任。

（四）营业中兑零用金操作

（1）首先应由收银员向收银主管提出兑换零钱的申请。
（2）收银主管到总收款室兑换零钱，总收人员与收银主管双方签字确认。
（3）收银主管将兑换的零钱交给前台收银员，双方签字予以确认。

三、大钞预收操作

（一）大钞预收的含义和目的

1．大钞预收的含义

商场或超市营业期间，当前台收银机钱箱中的现金过多时，由总收人员在某一时间到前台收银机上预先收取大面额现金，称为大钞预收。

2．大钞预收的目的

（1）减少前台收银机中现金的积压数量。
（2）及时将现金返回总收款室进行处理。
（3）防止偷窃、抢劫等事件的发生，保证资金安全。
（4）空出收银箱以便于收银员操作。

（二）大钞预收的原则

（1）授权原则：大钞预收只能由公司的总收人员或其他授权人员进行。

（2）安全原则：收款和押送的过程中必须有保卫人员全程保护，以保证营业资金的安全。

（3）监督原则：打开钱箱收款时，必须由收银管理人员、保卫人员及收银员均在现场，以起到相互监督的作用。

（4）对应原则：收取的大钞必须装入专用现金钱袋内并放入保险箱中，且现金钱袋的号码应与收银机的号码一一对应。

（5）时间原则：收取大钞后，应在第一时间安全押送到总收款室交接，中途不得做任何停留。

（三）大钞预收的程序

（1）总收人员在总收款室领取现金钱袋。

（2）在保卫人员的保护下到各收银台收取现金大钞。

（3）收银员打开钱箱将现金大钞清点后交给总收人员。

（4）总收人员将所收的现金大钞复核后装入钱袋封好。

（5）将钱袋放入手提保险箱内。

（6）做好收取记录，由相关当事人签字确认。

（7）继续到下一收银机收取现金大钞。

（8）最后将现金安全押送回总收款室。

资料库 6-3　　专用器材管理

任务三　处理纠纷与投诉

顾客在购买商品的过程中，或在购买商品之后，或在收银过程中，可能会因为各种原因产生不满或抱怨情绪，进而引起各种纠纷或顾客投诉。这样的纠纷和顾客投诉是每个一线服务人员都会遇到的问题，它是顾客对商场或超市管理和员工服务不满的表达方式，也是有价值的信息来源，有助于商场或超市改进服务质量。利用处理顾客投诉的时机而赢得顾客的信任，把顾客的不满转化为顾客满意，锁定他们对本店的忠诚度，获得竞争优势，已成为每个一线服务人员必须掌握并能熟练运用的一项服务技巧。

一、纠纷与投诉认知

（一）顾客纠纷与投诉的原因分析

顾客纠纷与投诉的发生是有原因的，概括起来主要有四个方面的因素。

1. 商品因素

（1）商品质量差，包括商品品质不佳、商品标志不全、商品有污损、破洞等，虽然商品质量差往往是制造商的责任，如衣服洗后缩水、褪色或罐头里有异物，但作为商场或超市来说，并非完全没有责任，因为商场或超市负有监督商品的责任，必须为顾客提供质量好的商品和优质的服务。

（2）价格偏高。顾客通常对商品的价格比较敏感，因此对价格的横向比较颇为注重。顾客一般抱怨某一商场或超市的价格水平高于其他商场或超市的价格，往往希望该商场或超市对价格进行下调或做促销。

（3）商品缺货。有些热销商品或特价商品卖完后，没有及时进货或补货，使顾客空手而归；促销广告中的促销商品数量有限，顾客专程而来，却根本买不到，这样容易引起顾客不满。

2. 服务因素

这里说的服务因素是指商场或超市收银员或其他一线服务人员接待顾客时的服务方式。收银员接待顾客方式的好坏，直接关系到顾客对商场或超市的信任程度。顾客对收银员服务方式的不满主要表现在以下几个方面。

（1）收银员态度不当。

（2）收银员工作上出现失误。

（3）顾客对收银员产生误会。

（4）收银员无法满足顾客的要求。

此外，顾客也会对服务人员的待客方式或整体服务质量产生不满的情绪。

3. 环境因素

商场或超市的环境直接影响顾客的心情，顾客对消费环境的不满主要有以下原因。

（1）光线太强或太暗。基本照明的亮度不够，使货架和通道地面有阴影，顾客看不清商品的价格标签，或亮度过强，使顾客的眼睛感到不适，从而引起投诉。

（2）温度不适宜。温度过高或过低，都不利于顾客浏览和选购商品。

（3）地面太滑。特别是在生鲜区，地面太滑，顾客行走时如履薄冰，老年顾客及儿童容易跌倒，都会引起顾客的投诉，甚至造成伤害，带来法律纠纷。

（4）噪声过大。

（5）外部环境不合理。例如，停车位太少、出入口台阶设计不合理、上下电梯过陡等。

4. 顾客因素

当顾客遭遇不满意的商品或服务，不仅承受的是金钱损失，还经常伴随不公平的对待，给自尊心、自信心造成伤害。同时，不同类型顾客对待"不满意"的态度不尽相同，理智型的顾客遇到不满意的事，不吵不闹，但会据理力争，寸步不让；急躁型的顾客遇到不满意的事必投诉且大吵大闹，不怕把事情搞大，最难对付；忧郁型的顾客遇到不顺心的事，可能会无声离去，虽不投诉，但永远不会再来。

（二）顾客纠纷与投诉的心态分析

顾客投诉，很重要的一点是需要解决问题，此外，顾客还希望得到企业的关注和重视。有时顾客不投诉，是因为他不相信问题可以得到解决，或者说他觉得他的投入和产出会不成比例；而投诉的顾客往往是忠诚度很高的顾客。总之，有效地处理顾客投诉，能有成效地为企业赢得顾客的高度忠诚。

（三）处理纠纷与投诉的原则

处理顾客纠纷与投诉并不是件愉快的事情，但必须予以重视，并将其看作是提高商场或超市服务质量的有利机会。为此，应当遵循五个原则。

（1）先处理情感，后处理事件。
（2）耐心地倾听顾客的抱怨。
（3）想方设法地平息顾客的抱怨。
（4）要站在顾客的立场上将心比心。
（5）迅速采取行动。

（四）处理纠纷与投诉的善后工作

1. 自我控制

作为一名职业化的服务人员，要有良好的心理素质，要能有效地控制自己的情绪。要不断地告诉自己，顾客针对的不是你，因为你是一名服务人员，顾客是对商品有意见，是对卖场或超市的服务有意见，而不要把顾客一些不太恰当的语言理解成对你个人的人身攻击。服务人员要完全站在顾客的立场上为顾客着想，以体谅的心情来理解顾客，从而保持一种平和的心态。

2. 自我对话

在激烈的争吵中，仍然能保持冷静，这对一名服务人员来讲，是一个非常重要的心理素质。当接待了很多顾客以后，就会出现疲劳、烦躁、沮丧的心理状况，这时需要调整自己的情绪，解决方案就是自我对话，即当你的情绪很激动时，需要进行一些自我对话。

（1）我是问题的解决者，我要控制住局面。
（2）顾客的抱怨不是针对我，而是针对商品。

（3）保持冷静，做深呼吸。

（4）是顾客不满意，不是我不满意，我不能受顾客的影响。

（5）我需要冷静地倾听顾客的诉说，虽然顾客的言辞很激烈。

（6）我需要知道事情的经过和真相，所以我不能激动。

（7）我需要用良好的情绪来影响顾客，使他放松，缓和他的紧张心情。

3. 自我检讨

在处理完顾客投诉后，还要进行自我检讨。回忆在处理的过程中哪些话是不该说的，哪些话该说却没有说，争取在下一次遇到这种情况时加以改进。

二、处理顾客纠纷的技巧

处理顾客纠纷时，需要牢记两条基本准则：一是顾客至上，永远把顾客利益放在第一位；二是迅速补救，确定把顾客的每次抱怨看作商场或超市发现弱点、改善管理的机会。只有这样，才能重新获得顾客的信赖，不断提高商场或超市的经营业绩。

（一）商品质量引起纠纷的处理

为了保证售出商品的质量，防止因商品质量问题造成纠纷，商场或超市在进货时应严把质量关，在陈列时注意商品的保护，在销售时向顾客详细解释商品的使用、保养方法，避免因顾客使用不当而引起商品损坏，甚至引发事故。发生此类纠纷，不论责任在谁，商场或超市都应该诚恳地向顾客道歉，并立即奉上新的商品，如果顾客因使用该商品而造成物质上或精神上的损失，商场或超市还应给予相应的补偿。

提问 6-1

顾客因商品质量不合格要求退货赔偿时怎么办

顾客因商品质量不合格要求退货赔偿时，应立即退换，耐心听取顾客的意见，并道歉，调查原因，给顾客一个满意的答复。

（二）收银员服务态度不当引起纠纷的处理

由于收银员服务态度不当而引起的纠纷，不像商品质量一样有明确的证据，而且同样的待客态度也可能由于顾客的不同而有不同的反应。所以，遇到此类纠纷，当事人双方很难解决，此时，需要收银主管出面处理。可以采用两种处理方式：第一，仔细听完顾客的抱怨，然后代表商场或超市向顾客致歉，并保证一定会加强对收银员的教育，不让类似情况再次发生；第二，如果顾客情绪非常激动，收银主管应陪同收银员一起向顾客道歉，以期获得顾客的谅解。由于采用第二种方式，会使发生纠纷的双方再次见面，顾客很可能言辞激烈，再次指责收银员，而收银员也可能会为自己辩解。为了避免再次发生冲突，收银主管应事先和收银员谈话，使其承认错误，诚挚地向顾客道歉。

（三）收银员工作失误引起纠纷的处理

如果因收银员工作失误引起了纠纷，收银员必须诚恳地向顾客道歉，并且说明的确是由于自己的疏忽造成的，并承担所有责任，而不要把一丝一毫的责任都推卸给顾客。如果顾客觉得自己有部分责任，他会自己说出来的。收银员若暗示顾客也有责任，只会使情况变得更糟。向顾客道歉后收银员要征求顾客的处理意见。只有收银员确实有改正错误、弥补失误的诚意，才会获得顾客的好感。事后，收银员还应认真分析失误的原因，并采取相应的措施，确保今后不会再犯此类错误。

（四）顾客对收银员产生误会引起纠纷的处理

由于顾客对收银员产生误会引起的纠纷，收银员仍应先向顾客道歉，然后再仔细地、平静地把事情原委解释清楚。但注意不要把话说得太明确，以免使顾客难堪。因为收银员工作的目的是让顾客满意，所以不论自己有没有失误，都可以这样对顾客说："您说得对。真对不起，我能做什么来补救吗？"在这样的气氛里，顾客的不满情绪很容易被化解。

（五）顾客服务需求过高引起纠纷的处理

由于顾客服务需求过高引起的纠纷，收银员如果跟顾客辩解会适得其反，只会引起顾客更大的不满。对待这种情况，收银员应沉着冷静，如实告诉顾客商场或超市业务的局限性，并承诺要积极向领导反映顾客的建议，争取早日增加相关服务项目，然后主动帮助顾客寻求解决问题的方法。

三、处理顾客投诉的技巧

（一）了解顾客的真正意愿

在处理顾客投诉时，一定要诚心诚意地与顾客沟通意见，多采取恰当的询问方式，不要怕花时间，要争取了解清楚顾客的真正意愿。

处理顾客投诉的技巧

（二）牢记处理投诉时的"禁语"

前来投诉的顾客往往都怀着不满的情绪，任何一点火花都会激起他们的"怒火"。在处理投诉的过程中，负责调解的服务人员说话稍有不慎或用语不当，就很容易使顾客火冒三丈，使矛盾更加激化。因此，在处理投诉时，务必要保持礼节，避免使用服务禁语。在接受顾客的投诉时应站在顾客的角度说话，有时候一句体贴、温暖的话语，往往能起到化干戈为玉帛的作用，能够更好地解决问题，提高处理顾客投诉的效率。

知识链接

收银工作中的常用术语和名词

任何工作都有自己的专业术语，收银工作也不例外。收银工作中有很多专业术语和名词，只有熟悉这些专业术语和名词，才能充分地了解收银工作。这里主要介绍收银过程中的常用专业术语和名词。

1. 商品

商品的本义是指用于交换的劳动产品，在这里指的是商场或超市摆放在售货架上用来出售的所有物品，顾客必须经过付款程序方能取走。

2. 赠品

赠品是商场、超市提供给顾客或供应商的免费产品，不需要付款程序即可得到。通常赠品的外包装上有明确的"非卖品""试用（吃、饮）装""赠品"等标识，或是与商品进行捆绑包装和销售。

3. 已付款商品

已付款商品是指对家电、茶叶等专柜销售的部分商品，顾客已在其专柜收银机上付款，有电脑小票作凭证并符合特定包装的商品。已付款商品经出口时，收银台不再收款。

4. 未付款商品

未付款商品是指顾客在结账时因种种原因不要的商品。收银员必须将此类商品放置在指定的位置，并及时放回原位置。

5. 购物袋

购物袋是商场或超市用来为每位购买商品的顾客盛装已付款商品的，同时也是商场或超市为顾客提供的一种服务方式。为了加强环保意识，现在商场或超市的购物袋都需要付款购买。

6. 特价信息或传单

特价信息或传单是指含有公司促销活动和商品优惠信息的一种印刷品。收银员可按规定发放给顾客或熟记其中的内容。

7. 电脑小票

顾客付款后，收银机会依据商品的销售信息打印出一份销售清单，称电脑小票（或收银小票），包括品名、价格、数量、金额等信息。收银员必须对每位付款后的顾客提供与其所购商品相符合的电脑小票。

8. 现金收款

收银员可直接接受人民币现金付款并执行现金收款程序。

9. 银行卡或信用卡收款

收银员可直接接受银行卡或信用卡付款并执行银行卡或信用卡收款程序。

10. 支票或其他有价凭证收款

收银员不能直接接受支票或其他有价凭证付款，必须在收银管理人员的权限下，按指定程序进行操作。

11. 找零

找零是指顾客使用现金付款时，收银员为顾客退回多余的钱。

12. 兑零

兑零是指收银员在零钱不足时，要请求兑换零钞。

13. 退换货办理

收银员不能直接在其收银机上进行退换货业务的办理。退货只能在规定的地方和规定的收银机上由授权人员办理。

14. 发票中心

发票中心是指专门为顾客开具销售发票的地点，通常由店内的服务台办理。

15. 请求帮助

请求帮助是指收银员用公司规定的方式，如警灯、信号牌、广播等方式请求管理人员在收银台发生如下情况时提供帮助：设备故障；零钞不足、购物袋不足；商品不能扫描、无条码或条码错误；商品标识价格与系统显示价格不符；顾客异议、争执；顾客遗忘商品；超出操作权限；其他突发事件（抢劫、打架、停电等）。

16. 暂停收银牌

暂停收银牌是收银员暂时离岗停止收银时，放于收银台上用于提醒顾客的告示牌。暂停收银牌必须于停止收银前出示，以免有更多的顾客继续排队结账。

17. 清洁用具

清洁用具是指收银员做收银区域卫生时用的抹布、清洁桶等。

18. 饮水、就餐、如厕

收银员在工作时间内任何临时离岗都必须经过当值的收银管理人员的批准，如饮水、就餐、如厕等。

19. 特价信息/传单

特价信息/传单是含有公司促销活动和商品优惠信息的一种印刷品，收银员可按规定发放给顾客，并熟记其中的内容。

20. 公司制度

公司制度是指公司的各项规章制度，包括《员工手册》《收银人员工作制度》《内部员工购物暂行规定》《顾客服务规范》等。

项目精要

通过本项目的学习，学生能够增强对收银工作管理的认知，能够明确收银工作排班和排岗的流程及规则，熟悉收银岗位管理的工作程序、收银机领用金管理、大钞预收的原则和程序，强化收银工作的规范性、系统性、完整性。通过任务驱动教学法，充分发挥学生学习的自主性，提高课堂效率，学生对相关内容进行模仿练习，让学生身临其境，切身体会，提升学生思考问题、分析问题、解决问题的能力，使学生在寓教于乐中汲取知识。

任务训练

任务训练一 思考题

1. 简答排班及排岗应遵循的原则。

2. 描述设零与兑零的程序。

3. 请回答大钞预收的原则和程序。

任务训练二 案例分析题

【任务资料】一位顾客买了一件商品，交完钱后，想把一张 20 元的纸币换成 4 张 5 元的。当向收银员提出自己的这一要求时，收银员生硬地回答："不行，商场有规定不能换。"无论顾客怎样解释，收银员还是那句话"不行。"顾客对这种回答非常不满。

【任务要求】上述案例中收银员的做法是否有欠妥之处，请简要说明理由。

上岗一试

【任务资料 1 及要求】李华刚刚调到满满超市任负责人，眼前的任务是要重新规划该超市的排班时间和人员。他了解到：满满超市有 4 位收银员，分早、晚班，运营时间为 7：00—22：00，每天超市至少要有 2 位收银员工作，月休 4 天。平时星期一至星期四是最清闲的，星期五晚人较多。针对李华面临的情况，应如何进行科学、有效地排班？

【任务资料2及要求】张强第一天到满满超市做收银员工作，中午时分，一位顾客买了一套265元的化妆品，到收款台付了300元，收银员找回35元。顾客觉得有些不对，便随口说了一句："错了，应该找45元，少找了10元。"收银员张强一听，脸色顿时不好看了，顶了一句："谁错了？你自己加加！"如果你是张强，应该怎么做？

【任务资料3及要求】请利用周末时间去商场或超市，实地观察商场或超市收银员是如何解决工作餐的；总结工作餐的安排原则及其要求。与所学理论知识是否一致？你是否有更好的方案？写一份调查报告。

项目七

收银工作内部控制

项目总体目标

知识目标：1. 要求掌握现金管理制度、支票管理原则
　　　　　2. 熟悉发票领用、保管的具体要求
　　　　　3. 熟悉收银工作防损管理内部控制
　　　　　4. 了解印章、收银设备的管理制度
能力目标：1. 熟练掌握现金、支票、印章的管理工作
　　　　　　　技能
　　　　　2. 能够有效降低收银防损风险
素质目标：在工作中养成认真负责的态度，以制度管理来
　　　　　指导实际工作

小高财会专业毕业后到某超市进行收银实习工作。他在观察收银员收付、清点现金的同时，也在努力回想学习过的《收银工作内部控制》一书中的相关知识，他将如何把理论知识运用到实际工作中，以确保资金在收付上不出错，在管理上不出漏洞呢？

任务一　资金、发票与印章管理

一、现金与支票管理

（一）现金的管理

1. 现金的含义

现金是通用的交换媒介，也是对其他资产计量的一般尺度，会计上对现金有狭义和广义之分。狭义的现金仅仅指库存现金，由出纳人员保管做为零星业务开支用，即单位所拥有的硬币、纸币。广义的现金包括库存现金、银行存款和其他货币资金三个部分。

现金的管理

2. 现金管理制度

根据国务院《现金管理条例》及中国人民银行《现金管理条例实施细则》的规定，现金管理应遵守以下制度：

（1）单位现金一律实行限额管理。现金库存限额由银行核定，一般不超过单位 3～5 天的日常零用现金量，特殊情况可多于 5 天，但不得超过 15 天。

（2）不得擅自坐支现金。坐支现金容易打乱现金收支程序，不利于银行对企业现金进行有效的监督和管理。

（3）收入的现金应及时送存银行。单位的现金收入应于当日送存银行，如当日送存银行有困难的，应由开户银行确定送存时间。需要支付现金的，从库存限额内支付，或从银行提取现金后支付。

（4）单位收到的现金不得作为储蓄存款进行存储。

（5）严格按照国家规定的开支范围使用现金，超过现金开支范围的业务，需要通过银行转账的方式支付。现金使用的范围有以下几个方面：

① 职工工资、各种工资性津贴。

② 个人劳务报酬，是指由于个人向企业、事业单位和机关、团体、部队等提供劳务而由企业、事业单位和机关、团体、部队等向个人支付的劳务报酬，包括新闻出版单位支付给作者的稿费，各种学校、培训机构等支付给外聘教师的讲课费，以及设计费、装潢费、制图费、化验费、测试费、医疗费、法律服务费、咨询费、各种演出与表演费、技术服务

费、介绍服务费、经纪服务费、代办服务费及其他劳务费用等。

③ 支付给个人的各种奖金，包括根据国家规定颁发给个人的各种科学技术、文化艺术、体育等各种奖金。

④ 各种劳保、福利费用及国家规定的对个人的其他现金支出，如退休金、抚恤金、学生奖助学金、职工生活困难补助费等。

⑤ 收购单位向个人收购农副产品和其他物资，如金银、工艺品、废旧物资等的价款。

⑥ 单位预借给出差人员必须随身携带的差旅费。

⑦ 结算起点以下的零星支出。按照规定，结算起点为 1 000 元，超过结算起点的，应实行银行转账结算。在结算起点以下的零星支出可以使用现金进行结算，结算起点的调整由中国人民银行确定报国务院备案。

资料库 7-1　　　确需现金支付的其他支出

除上述第⑤、⑥两项，各企业、事业单位和机关、团体、部队支付给个人的款项中，支付现金每人不得超过 1 000 元，超过限额部分，根据提款人的要求在指定的银行转为储蓄存款或以支票、银行本票支付。确需全额支付现金的，应经开户银行审查后予以支付。

3. 内部现金管理制度

现金使用单位一方面应严格遵守国家现金管理制度的规定，接受开户银行对其现金管理的监督检查；另一方面从本单位内部管理的角度讲，也应当加强对现金的管理，把现金结算和现金使用压缩在合理的范围之内，因此，各单位应在严格遵守国家现金管理制度的同时，建立、健全单位内部现金管理制度。

提问 7-1

为什么不能过多持有现金

各单位必须保持一定量的现金以满足其正常业务经营的需要，但从业务经营的角度来说，也不能保留过多的现金。一方面，从财务管理的角度看，现金是所有资产中收益率最低的，将现金存入银行或用于购买短期证券等还可以取得一定的利息收入，而保留现金不能取得任何收入，过多地保留现金将降低单位资产的获利能力。另一方面，现金是流动性最强的资产，它无须变现即可挥霍使用，因而最容易成为不法分子偷盗、贪污、挪用的对象。

单位内部现金管理制度一般包括以下几个方面。

（1）钱账分管制度。

一方面，按照钱账分管，即管钱的不管账，管账的不管钱的原则，各单位应配备专职或兼职的现金经管人员（包括出纳人员和收银员，下同），负责办理现金收付业务和现金保管业务，其他人员不得经管现金收付业务和现金保管业务；另一方面，现金经管人员不得兼管稽核、会计档案保管和收入、费用、债权、债务账目的登记工作，建立钱账分管制度，可以使现金经管人员和会计人员相互制约、相互监督，从而减少错误和贪污舞弊的可能性。一个人既管钱又管账，其贪污的可能性就很大；而实行钱账分管制度，一般来说，两个人犯同样错误的机会很少，而且除非两人有意识地合伙舞弊，否则其中一个人单独舞弊的机会和成功的可能性就大为降低。当然，管钱的不管账，并不是说出纳人员不能管理任何账。现金经管人员在办理现金收付业务和现金保管的同时，可以兼登记现金日记账和编制现金日报表，由会计人员登记现金总账；也有的单位由现金经管人登记现金账（包括现金总账和日记账），编制现金日报表。但按《中华人民共和国会计法》的规定，现金经管人员不得兼管稽核、会计档案保管和收入、费用、债权、债务账目的登记工作。

（2）现金开支审批制度。

各单位应按照《现金管理暂行条例》及其实施细则规定的现金开支范围，并根据本单位的生产经营管理实际、现金付出业务的繁简，以及现金开支的额度等，建立健全现金开支审批制度，以加强现金开支的日常管理。现金开支审批制度一般应包括以下内容：

① 明确本单位现金开支范围。各单位应按《现金管理暂行条例》及其实施细则的规定，确定本单位的现金开支范围，如支付职工工资、支付职工差旅费、支付职工因公借款、支付零星采购材料款和运杂费等。

② 制定各种报销凭证，规定报销手续和办法。各单位应按其业务内容制定各种报销凭证，如工资支付单、借款单、购料凭单、差旅费报销单等，并规定各种报销凭证的使用方法，以及各种凭证的传递手续，确定各种现金支出业务的报销办法。

③ 确定各种现金支出的审批权限。各单位应根据其经营规模、内部职责分工等，确定不同额度和不同现金支出的审批权限。

资料库 7-2　　　　现金开支管理

（3）日清月结制度。

日清月结是办理现金收付工作的基本原则和要求，也是避免出现长款、短款的重要措施。所谓日清月结就是现金经管人员办理现金收付业务必须做到按日清理，按月结账。这里所说的按日清理，是指对当日的经济业务进行清理，全部登记日记账，结出库存现金账面余额，并与库存现金实地盘点数核对相符。按日清理的内容包括：

① 清理各种现金收付款凭证。

检查单证是否相符，也就是说各种收付款凭证所填写的内容与所附原始凭证反映的内容是否一致；同时还要检查每张单证是否已经盖齐"收讫""付讫"的戳记。

② 登记和清理日记账。

将当日发生的所有现金收付业务全部登记入账。在此基础上，检查账证是否相符，即现金日记账所登记的内容、金额与收、付款凭证的内容、金额是否一致。清理完毕后，结出现金日记账的当日库存现金账面余额。

③ 现金盘点。

现金经管人员应按券别（如壹角、伍角、壹元、伍元、拾元、伍拾元、壹佰元）分别清点其数量，然后加总，即可得出当日现金的实存数。将盘存得出的实存数和账面余额进行核对，看两者是否相符，如发现有长款或短款，应进一步查明原因，及时进行处理。

资料库 7-3 ⌨ 长款与短款

④ 按规定实际库存现金不得超过库存现金限额。如实际库存现金超过库存限额，则应将超过部分及时送存银行；如果实际库存现金低于库存限额，则应及时补提现金。

（4）现金清查制度。

在坚持日清月结制度，由现金经管人员自身对库存现金进行检查清查的基础上，为了加强对现金收付工作的监督，及时发现可能发生的现金差错或丢失，防止贪污、盗窃、挪用公款等不法行为的发生，确保库存现金安全完整，各单位应建立库存现金清查制度。由有关领导和专业人员组成清查小组，定期或不定期地对库存现金情况进行清查盘点，重点放在账款是否相符、有无白条抵库、有无私借公款、有无挪用公款、有无账外资金等违纪违法行为上。

一般来说，现金清查多采用突击盘点方法，不预先通知现金经管人员，以防预先做手脚，盘点时间最好在一天业务没有开始之前或一天业务结束之后，由现金经管人员将截至清查时现金收付账项全部登记入账，并结出账面余额。这样可以避免干扰正常的业务。清查时现金经管人员应始终在场，并给予积极的配合。清查结束后，应由清查人填制"现金清查盘点报告表"，填列账存、实存及溢余或短缺金额，并说明原因，上报有关部门或负责人进行处理。现金清查盘点报告表如表 7-1 所示。

表 7-1 现金清查盘点报告表

单位名称：　　　　　　　　　　年　月　日

账面金额	实存金额	清查结果		问题简要说明
		盘盈	盘亏	
单位负责人处理意见				
			备注	

财务负责人：　　　　　　出纳：　　　　　　鉴别人：　　　　　　盘点人：

（5）现金保管制度。

现金是流动性最强的资产，无须变现即可挥霍使用，因而现金是犯罪分子谋取的最直接目标。因此各单位应建立健全现金保管制度，防止由于制度不严、工作疏忽而给犯罪分子以可乘之机，给国家和单位造成损失。现金保管制度一般应包括如下内容。

① 超过库存限额以外的现金应在下班前送存银行。

② 为加强对现金的管理，除工作时间需要的少量备用金可放在现金经管人员的抽屉内，其余则应放入专用的保险柜内，不得随意存放。

③ 限额内的库存现金当日核对清楚后，一律放在保险柜内，不得放在办公桌内过夜。

④ 单位的库存现金不准以个人名义存入银行，以防止有关人员利用公款私存取得利息收入，也防止单位利用公款私存形成账外小金库。银行一旦发现公款私存，可以对单位处以罚款，情节严重的，可以冻结单位现金支付。

⑤ 库存现金包括纸币和铸币，应实行分类保管。对库存票币分别按照纸币的票面金额和铸币的币面金额，以及整数（大数）和零数（小数）分类保管。

提问 7-2

纸币与铸币如何保管

纸币一定要打开铺平存放，并按照纸币的票面金额以每 100 张为 1 把，每 10 把 1 捆扎好，凡是成把、成捆的纸币即为整数（大数），均应放在保险柜内保管，随用随取；凡不成把的纸币为零数（或小数），也要按照票面金额，每 10 张为 1 轧，分别用曲别针别好，放在传票箱内或抽屉内，一定要存放整齐，秩序井然。

铸币也是按照币面金额，以每 100 枚为 1 卷，每 10 卷为 1 捆，同样将成捆、成卷的铸币放在保险柜内保管，随用随取；不成卷的铸币，应按照不同币面金额，分别存放在特别的卡数器内。

（6）保险柜的配备使用。

为了保卫国家财产安全和完整，各单位应配备专用保险柜，专门用于库存现金，各种证券、银行票据、印章及其他票据等的保管。各单位应加强对保险柜的使用管理，一般来说，保险柜的使用应注意如下几点：

① 保险柜的管理。

保险柜一般由总会计师或财务处（科、股）长授权，由现金经管人员负责管理使用。

② 保险柜钥匙的配备。

保险柜要配备两把钥匙，一把由现金经管人员保管，供日常工作开启使用；另一把交由保卫部门封存，或由单位总会计师或财务处（科、股）长负责保管，以备特殊情况下经有关领导批准后开启使用。现金经管人员不能将保管柜钥匙交由他人代为保管。

③ 保险柜的开启。

保险柜只能由现金经管人员开启使用，他人不得开启保险柜，如果单位总会计师或财务处（科、股）长需要对现金管理人员工作进行检查，如检查库存现金限额、核对实际库存现金数额，或有其他特殊需要开启保险柜的，应按规定的程序由总会计师或财务处（科、股）长开启，在一般情况下不得任意开启保险柜。

④ 财物的保管。

保险柜内存放的现金应设置和登记现金日记账，其他有价证券、存折、票据等应按种类造册登记，贵重物品应按种类设置备查簿，登记其质量、重量、金额等，所有财物应与账簿记录核对相符。按规定，保险柜内不得存放私人财物。

⑤ 保险柜密码。

现金经管人员应将自己保管使用的保险柜密码严格保密，不得向他人泄露，以防为他人利用。发生人员调动岗位时，接管人员应更换使用新的密码。

⑥ 保险柜的维护。

保险柜应放置在隐蔽、干燥之处，注意通风、防湿、防潮、防虫和防鼠，保险柜外要经常擦抹干净，保险柜内财物应保持整洁卫生、存放整齐。一旦保险柜发生故障，应到公安机关指定的维修点进行修理，以防泄密或失盗。

⑦ 保险柜被盗处理。

发现保险柜被盗后应保护好现场，迅速报告公安机关（或保卫部门），待公安机关勘查现场时才能清理财物被盗情况。节假日满两天以上或现金经管人员离开两天以上没有派人代其工作的，应在保险柜锁孔处贴上封条，现金经管人员到位工作时揭封。如发现封条被撕掉或锁孔处被弄坏，也应迅速向公安机关或保卫部门报告，以使公安机关或保卫部门及时查清情况，防止不法分子进一步作案。

4. 现金收支业务的管理

（1）现金收入业务的管理。

现金收入业务主要是单位在销售商品、提供劳务、提供非经营服务取得的收入。出纳人员在进行现金收入业务时，应完整、准确地反映本单位的现金收入情况，并严格按照现金收入管理的原则，及时取得或填制相关的原始凭证，按规定的流程收取并清点现金收入。

① 现金收入管理的原则。

一是要确保交款人或业务责任人不得对收入进行瞒报、少报和误报；二是要认真核验票据和凭证，盘点现金，核对账实，确保交款人或责任人将收入的现金进行及时的处理和总结。

② 现金收入手续的管理。

出纳人员在办理现金收入手续时，要审查收入的合法性，保证手续完备，一笔一清，并及时送存银行。

（2）现金支出业务的管理。

现金支出业务主要是单位在生产经营过程和非生产经营过程中，向外支付现金的业务。对于各项现金支出，各单位都会做非常严格的规定，出纳人员在现金支出核算时，一定要严格执行，因为一旦发生现金支出业务的失误，很可能带来不可弥补的经济损失。

① 现金支出管理的原则。

一是要保证现金支出的合法性；二是要确保现金支出手续的完备性；三是不得采用套取现金的方式用于支付。

② 现金支付业务的管理。

出纳人员在取得现金付款依据后，要按照相关规定审查付款的原始凭证等是否符合要求，并仔细确认支付金额，然后从库存现金中支付，不足部分应及时从开户银行提取。支付现金时，应要求收款人当面点清当面确认，付款完毕在审核无误的原始凭证上加盖"现金付讫"印章，据以编制记账凭证。

5. 现金存放的管理

现金存放主要是指对每日收取的现金和库存现金的存放。现金存放有以下几项管理要求：

（1）企业库存现金按照开户银行规定的限额存放。要求企业在满足正常的日常开支需要的前提下，减少现金的库存量。

（2）企业收取的现金和超出库存限额的现金必须及时送存银行。如库存现金不足限额时，可以向银行提取现金。

（3）企业现金的保管必须由企业的出纳人员办理，非出纳人员不得经管现金。

（4）企业收银员营业期间收取的每笔现金，必须及时放入电子收银机的钱箱内，临时外出须将钱箱锁好。下班时，将所收现金整理清点后上缴给企业总收款室，并由总收款室人员及时送存银行。

（5）现金的存放要有相应的保安措施。保安工作的重点是企业的总收款室和出纳人员的办公室。总收款室和出纳人员的办公室应选择坚固、实用的房间，能防火、防潮、防盗，窗户要装有防盗网，门要安装防盗门，室内应配备专用保险柜，保险柜密码和钥匙应由总收款人员和出纳人员专门管理，不得交由其他人员代管。总收款人员和出纳人员变动，应及时更换保险柜密码。

（6）对收银机钱箱及保险柜内的现金，为便于管理应按券别分类存放；纸币和硬币也应分别存放，以便于整理和清点。

出纳人员和收银员在收、付、存放现金时应爱护人民币，不得损毁人民币，不在人民币上写字、画记号，残缺、破损的人民币，应及时向银行兑换。

6. 现金交账的管理

（1）出纳人员向银行交款。

首先，各企业将银行核定的库存限额保管、使用现金，收取的现金和超出库存限额的现金，及时送存银行，具体的现金送存程序：出纳人员先清点票币，将同等面额的纸币放在一起，每100张为1把，清点准确，捆扎牢固。不够1把的，按票面金额从大到小顺序排放。将同等面额硬币放在一起，壹元、伍角、壹角硬币，每50枚用纸卷成1卷，分币每100枚卷成1卷，不足1卷的不送银行，留作找零用。票款清点无误后，出纳人员填写现金交款单，将现金存入银行。

此外，还需要填写现金交款单，现金交款单一般为一式两联，第一联为回单，此联由银行盖章后退回交款单位。第二联为收入凭证，此联由收款人开户银行作为记账凭证。出纳人员在填写现金交款单时，需要注意以下几点：

① 要用双面复写纸填写。

② 交款日期必须填写交款当日。

③ 收款人名称必须写全称。

④ 款项来源要如实填写。

⑤ 大小写金额要一致。

⑥ 书写要规范、标准。

⑦ 券别和数量要按实际存款数填写。

最后，将款项和现金交款单一同送开户银行。银行核对盖章后，将第一联退回交款人，作为记账凭证。

（2）收银员向总收款室交款。

收银员收取的现金，于下班时必须交给企业的总收款室。具体程序：收银员应将当班期间的营业额进行盘点，核对无误后，进行清点整理，纸币满 100 张捆成 1 把，不满 100 张的，按票面金额大小顺序排好；硬币满 50 枚卷成 1 卷，不满 50 枚的，按币值分类，以专用硬币盒排好。票款核对无误后，填写现金交款单，将现金上缴总收款室。

现金交款单一式两联，收银员在填写时，应注意用双面复写纸，日期应为营业日当天，款项内容填写清楚，收据张数要准确无误，大小写金额要一致，交款人签字、盖章，并将收据附在交款单后，与款项一同送交总收款室，最后由总收款室人员汇总，清点无误后交存开户银行。

对于商场、超市等零售企业，收银员每日营业收取的现金，由于没有统一的管理制度，各零售企业可由财务部门参照会计工作现金管理制度，结合本企业营业性质与特点，制定相应的现金管理暂行办法。

（二）支票管理

1. 支票交存

（1）出纳人员向银行交存支票。

出纳人员在向银行交存支票时，应该注意以下几点：

支票的管理

① 出纳人员收到的支票，应按不同银行进行分类，同行的支票放在一起，如收到的是空白支票，应按支票填写规定，将支票的内容填写齐全。

② 按不同的银行分别填写支票进账单（进账单一式三联，第一联是银行交给持票人的受理证明，第二联是收款人开户银行的记账凭证，第三联是开户银行交给收款人的收账通知），然后，连同支票送存开户银行。

③ 出纳人员在填写支票进账单时，注意应用双面复写纸填写，日期为交款的当日，出票人和收款人必须填写单位全称，账号和开户银行应填写清楚，金额大小写一致，票据种类和张数如实填写。

④ 填写无误后，将支票和进账单一同交开户银行，银行核对盖章后，将受理证明和收款通知退回交款人。收账通知作为记账凭证记账，受理证明作为备查留存。

（2）收银员向出纳人员交存支票。

收银员向出纳人员交存支票需要注意的是：

① 收银员收到顾客交来的支票，先审验支票的内容，包括填票日期、收款人名称、大小写金额、印章等是否齐全、正确，如果收到的是空白支票，按要求将支票内容填写完整，然后将支票和销售发票一并交出纳人员，由出纳人员送存银行。

② 收银员在向出纳人员交支票时，应填写支票交款单一式两份，内容包括收款项目、支票张数、收据张数、总计金额等，出纳人员审核无误后，签字、盖章，一联留存，另一联退回收银员。

③ 收银员将收到的支票在备查簿中进行登记，并留存购货单位电话、联系人等，待款项到账后再通知业务人员发货。

2. 支票保管

支票是一种支付凭证，一旦填写了有关内容，并加盖留存在银行的印鉴后，即可成为直接从银行提取现金或与其他单位进行结算的凭据。所以在支票保管使用上必须加强管理，同时采取必要的措施，妥善保管，以避免发生非法使用或盗用、遗失等情况，给国家和单位造成损失。

（1）出纳人员负责保管空白支票，因故出现作废支票时，须及时填写"作废"字样，并随记账凭证装订归档。

（2）退回的作废支票按规定附在与支票相关业务的记账凭证里，随单装订入册。

（3）设立"支票购入使用登记簿"，由财务部专人负责登记支票的购入使用情况。购入的支票，由经办人在登记簿上列明所购支票数量及起止号码。

（4）每月月末，由出纳人员在登记簿上填写支票的使用情况，跟踪已签发支票而未返回报销的原因，敦促支票领用人员按时报销。

3. 支票的挂失

支票丢失后，失票人到付款银行请求挂失时，应提交第一、二联挂失止付通知书。付款行收到挂失止付通知书后，按规定审查无误并确认未付款的，在第一联挂失止付通知书上加盖业务公章，作为受理回单交给失票人，第二联附于登记支票挂失登记簿后专门保管。

付款人或代理付款人自收到挂失止付通知书之日起 12 日内没有收到人民法院的支付通知书的，自第13日起，持票人提示付款并依法向持票人付款的，不再承担责任。失票人申请挂失止付前，支票已经付款的，银行不承担责任。

二、发票与印章管理

企业所有营业资金的收入都离不开发票和印章，印章是法律赋予企业履行职责、拥有某种权利的法律凭证。发票一旦盖上企业的印章，就立即生效为表明资金数额的法定票据。因此，这两样东西对于一个企业来说至关重要。如果发票和印章保管不善，一旦同时丢失或被盗，就会给国家和企业造成巨大的经济损失。因此，每个企业都应做好发票和印章的管理工作。

（一）发票管理

1. 发票的概念

发票是指在购销商品、提供劳务或接受服务及其他经营活动中，开具、收取的收款、付款凭证。发票分为增值税专用发票和普通发票、机动车专用发票；机打发票和定额发票；电子发票和纸质发票。

纸质发票的基本联次为三联，第一联为存根联，开票方留存备查；第二联为发票联，付款方或收款方作为付款或收款的原始凭证；第三联为记账联，开票方作为记账原始凭证。增值税专用发票的基本联次还应包括抵扣联，付款方作为抵扣税款的凭证。

2. 发票的基本内容

发票的基本内容包括发票的名称、发票代码和号码，联次及用途，客户名称，开户银行及账号，纳税人识别号，地址和电话，商品名称或经营项目，计量单位、数量、单价、大小写金额，开票人，收款人，开票日期，开票单位（个人）名称（章）等。

有代扣、代收、委托代征税款的，其发票内容还应当包括代扣、代收、委托代征税种的税率及代扣、代收、委托代征的税额。增值税专用发票的内容还应当包括：购货人地址、购货人税务登记号、增值税税率、税额、供货方名称、地址及其税务登记号。

发票由省、自治区、直辖市税务机关指定的企业印制；增值税专用发票由国家税务总局统一印制。禁止私印、伪造、变造发票。发票还应当套印全国统一的发票监制章。

3. 发票的领购和领用

企业财务部门领购发票时需要按下列程序办理：

（1）依法办理税务登记的单位和个人，在领取税务登记证件后可向主管税务机关申请领购发票。

（2）申请单位和个人应当提出购票申请，提供经办人身份证明、税务登记证件或其他有关证明，以及单位财务专用章或发票专用章，经主管税务机关审核后，发给发票领购簿，凭发票领购簿核准的种类、数量以及领购方式，向主管税务机关领购发票。

（3）需要临时使用发票的单位和个人，可以直接向税务机关申请办理。

（4）临时到本省、自治区、直辖市以外从事经营活动的单位和个人，应当凭所在地税务机关的证明，向经营地税务机关申请领购经营地发票。

（5）临时在本省、自治区、直辖市以内跨市、县从事经营活动领购发票的，由本省、自治区、直辖市税务机关规定。

收银台发票用完时，当班收银员可到总收款室登记，在发票领用登记簿上登记注销已用完的发票，并签字领用新发票。

4. 发票的开具

开具发票时应遵守以下原则：

（1）单位和个人在开具发票时，必须做到按发票号码顺序填开，填写项目齐全，内容真实，字迹清楚，逐栏、全部联次一次性如实复写、打印，内容完全一致，并在发票联加盖单位财务专用章或发票专用章。

（2）从事销售商品、提供劳务及其他经营服务的单位和个人，在对外发生经营业务收取款项时，收款方应向付款方开具发票。未发生经营业务一律不准开具发票。向消费者个人零售商品或提供零星服务的，是否可免予逐笔开具发票，由省级税务机关确定。

（3）使用电子收银机开具发票的企业，须经主管税务机关批准，并使用税务机关统一监制的机外发票，开具后的存根联应当按照顺序号装订成册。

（4）任何单位和个人不得转借、转让、代开发票；未经税务机关批准，不得拆本使用发票；不得擅自扩大发票的适用范围。开具发票的单位和个人应当建立发票使用登记制度，设置发票登记簿，并定期向主管税务机关报告发票使用情况。

（5）发票限于领购单位和个人在本省、自治区、直辖市内开具。任何单位和个人未经批准，不得跨规定的使用区域携带、邮寄、运输空白发票；禁止携带、邮寄或者运输空白发票出境。

（6）单位在开具发票时应当使用中文。少数民族自治地区可以同时使用当地通用的一种民族文字。外商投资企业和外国企业可以同时使用一种外国文字。

5. 发票的保管

发票应由不直接经办货币资金业务的人员保管，在发票保管环节，要建立验收制度、台账报表制度、安全防护制度、岗位责任制度等，具体包括以下内容：

（1）发票要有专人保管，并使用专柜，建立专用账表。在保管发票的过程中，要注意防火防盗、防霉烂毁损、防虫蛀鼠咬、防丢失。

（2）发票保管要做到手续清、账目清、责任清。

（3）不准相互转借、转让发票；不准出现账实不符的现象；不准擅自处理发票中出现的空白联和其他残次的联次。

（4）已开具的发票存根联和发票登记簿，应当保存5年，保存期满，报经税务机关查验后销毁，任何单位和个人不准擅自销毁未满保管期限的发票。

（5）发生发票溢余或短缺，未经查明原因和批准，任何人不得擅自调账。

（6）发票一旦遗失，应迅速上报单位财务部门，以便及时到税务部门办理遗失手续和遗失声明。

6. 发票真伪的鉴别方法

鉴别发票的真伪一般有3种方法。

（1）辨别观察法。

辨别观察法主要分为四步。

第一步，看发票纸张。新版普通发票都在有防伪水印的纸张上印刷，当将发票置于阳光或灯光下时，可清晰看到防伪水印图案。

第二步，看发票"发票监制章"。发票正中间有一椭圆形红色的章，此章外圆线是一条普通的红色粗线，内圆线采用微缩技术印制，由多组"国家税务总局监制"汉字的汉语拼音声母缩写组成，即"GJSHWZJJZH"，通过高倍放大镜可以清晰地看到。目前，假发票无法做到这一点。

第三步，看发票印章。检查发票下方有无加盖卖家的印章，没有的话就是无效的发票。

第四步，看发票票面信息。检查付款单位名称、税号是否正确，机打发票代码是否与收款单位名称、税号、发票专用章一致，大写金额与小写金额是否一致，发票相应信息填写的位置与发票本身印刷的位置是否有较大差异等。

（2）电话查询法。

发票中都有可查的唯一"发票代码"，通过拨打当地税务机关服务电话，向对方报出发票代码等信息，可对发票进行真假辨识。

（3）上网查询法。

上网查询发票真伪，可到当地税务局官方网站上查询。增值税发票可到"国家税务总局全国增值税发票查验平台"进行查验。需要注意的是，通过网站除了能鉴别发票的真伪，还能确认该发票是否是"真票假开"。若票面上开票方是 A 公司，但查询结果显示 B 公司，尽管发票本身是真的，但开具内容虚假，也属于不合格发票。

7. 发票的交账

收银员领用发票时，要在发票登记簿上登记，交回已使用过发票的存根时，发票保管人员要检查存根有无缺页，收入的钱款有没有如数上缴财务部门等。经检查没有问题后，双方签字，再发给新的空白发票。发票保管人员要对检查无误的已经使用过的发票存根联捆扎装箱，到税务部门结报后，按税务部门的规定妥善保管。

（二）印章的管理

1. 印章的分类

印章从性质上可分为公章和私章（个人名章）；从制作材料上可分为木质印章、铜质印章和塑料印章；从外观形状上可分为圆形印章、椭圆形印章和方形印章等。其中公章按用途不同又可分为行政公章和财务公章，通常与资金有关的票据如支票、汇票、发票等均盖财务公章，即财务专用章（或票据专用章）。财务专用章如图 7-1 所示。

图 7-1　财务专用章

可以说，单位的一切经济行为均离不开印章，而且货币资金的舞弊行为很多都与印章保管不严有关，所以加强对印章的管理非常重要，它是防止舞弊行为发生的重要手段。

2. 印章的保管

（1）单位应当加强预留银行印鉴的管理。财务专用章应有专人保管，个人名章必须由本人或其授权人保管，要确保单位财务专用章和法人代表名章分别由不同的人保管。

（2）明确出纳、会计岗位在资金管理中的不同分工及作用，加强财务工作的内部牵制，实行支票和印鉴章由出纳人员和会计分开管理。

（3）要特别注意节假日期间、值班期间印章的保管和控制，不能因为休息而失去相互之间的制约。节假日期间更要按照规定，在授权下使用有关印鉴。

（4）各类印章必须分开保管、专人负责，不得将自己保管的印章交给他人使用，也不得接受他人保管使用的印章。有关人员因短期出差、出国等而需要由他人暂时保管财务专用章的，必须经过授权并登记在案以备核查。

（5）各类印章应严格按规定的业务范围和批准程序使用，不得乱用、错用。各类印章平时不用时应放在保险柜内，做到"人走章收"。财务专用章和法人代表名章如果放入同一个保险柜，必须有两人持不同的钥匙同时使用才能打开。

（6）收银员使用的印章不得随处乱放，工作中要妥善保管，离开收银台时，要将印章放入抽屉内锁好。下班时要将印章与相关票据一同交总收款室收存。

3. 印章管理的流程

印章在保管、使用上有严格的规定和规范的操作流程。出纳人员作为企业印章的重要保管者之一，需要建立一套科学的印章管理制度、流程，约束和规范对印章的使用。

（1）严格审批。

由于印章的重要性和特殊性，在管理上实行严格的登记审批制度。印章的启用、使用、停用等所有行为都要经上级和相关部门的同意。这个环节的手续有很多，如填写用印登记簿（见表7-2）、印章使用申请单（见表7-3）。

表 7-2　用印登记簿

编号：　　　　　　　　　　登记日期：　　年　　月　　日

用印日期		发文号		使用人		批准人	
文件名称							
印章类别							
用印事由							

表7-3　印章使用申请单

编号：　　　　　　　　　　　　　年　月　日

部　　门		申请人		核准人	
用印类别					
文件名称					
用印份数					
文件说明					

（2）建立印章台账。

在印章管理过程中，应建立印章台账以备核查，印章的刻制、下发、使用、回收和销毁等一系列流程都要有相应的台账资料。企业新设立的部门，合并、撤销、更名部门，或其他原因造成的印章更换、停用等，每个流程都会产生很多文字、图片资料，这些都应登记在印章台账登记簿（见表7-4）上，分类归档。

表7-4　印章台账登记簿

编号：　　　　　　　　　　　　　年　月　日

序　号	印章名称	所属部门	负责人	印章信息	启用时间		备　注
					启动	废止	
1							
2							
3							
...							

印章建档体现了企业管理上的进步，便于日后工作中的复查和统计。建立印章台账，通常可按每类印章的类型、使用权限、要求等进行分类，编制印章目录，填写每枚印章的详细档案。

在印章登记目录的同时，每个印章都要预留印模，盖在对应的序号上，然后再用不干胶把序号贴在印章上，这样更方便查找、利用。

任务二　收银设备的管理

收银设备对于从事商品经营的零售企业来说至关重要，它是组成收银工作系统的重要构件。离开了收银设备，收银工作系统将无法运行，同时也将失去进行收银工作及营销管理的功能。目前，收银设备均为高科技精密仪器，需要精心养护才能维护系统的正常运转，延长其工作寿命。因此，作为收银设备的使用者，收银员应当熟悉各收银设备的管理要求。

一、收银机管理要求

1. 收银机由收银员负责日常使用、维护及管理工作

收银员应每天清洁收银机与外部相关设备；每月请电脑管理部门人员对收银机键盘、内壳进行一次清理。

2. 严格按照收银机的开关机程序操作

开机时应首先打开 UPS 电源，再开启主机电源；关机时应先退出收银系统，关闭主机电源，再关闭 UPS 电源，最后盖上防尘罩。工作时严禁用力敲打键盘，以免损坏内部元件；不得随意转动显示器，以免数据线松动或扭断。

3. 收银机上及其周围放置物品要规范

严禁在收银机上放置任何物品，不得在收银机周围放置液态物品，以防液体浸入机器。如不小心使液体浸入收银机时，须立即切断电源，并通知电脑管理人员到场处理。严禁收银员频繁开启和关闭收银机，未经电脑管理人员同意，不得随意搬动、拔插收银机后盖的电源线和数据线。

4. 设备出现故障，要及时保护故障现场

当收银机出现故障时，须立即通知电脑管理人员到场解决，并尽量保护故障现场；如收银机相关设备损坏时，须通知电脑管理人员，将损坏元件交回电脑部处理。

二、配套设备管理

（一）扫描器的管理要求

1. 台式扫描器的管理要求

（1）使用前，首先将台式扫描器的位置放置正确。接通电源后，绿色指示灯亮，内置马达高速旋转，当听到连续的"嘟嘟"声，并产生垂直向上、纵横交错的激光网时，则表示扫描器正常工作。

（2）扫描商品条码时，应注意条码是否有断码、变色、模糊等现象；若商品条码正常，应将商品条码朝下，顺箭头方向扫入，听到"嘟"的一声响，表示条码信息已被正确输入。

（3）扫描器待机时，应用盖板遮住扫描窗口。若发现扫描器面板上红灯亮、扫描商品时听不到"嘟"的一声响或扫描条码后无商品资料显示等现象时，应立即通知电脑管理人员检查维修。

（4）日常工作中应注意扫描器的保养和管理，注意避光、避灰尘，经常保持扫描窗口表面的清洁；非工作时间必须切断扫描器的电源。

2. 手持式扫描器的管理要求

（1）使用前，应先检查一下设备连接端口，看是否插在正确位置。接通电源后，扫描器绿色指示灯亮，同时听到"嘟"的一声响，即表示扫描器工作正常，并处于待机状态。

（2）使用时，应注意商品条码是否有断码、变色、模糊等现象；扫描商品时，要手握扫描器手柄，将扫描窗口对准商品条码，注意商品条码与扫描器之间的距离不超过 30cm。当扫描器发出"嘟"的声响时，则表示商品条码已被正确识别输入。

（3）工作中如有异常现象，如扫描器亮红灯、开机或扫描商品条码时无"嘟"声响、商品信息无显示等现象，此时应立即停止工作，并及时通知电脑管理人员来检查维修。

（4）扫描器待机时，须小心将其放置在托架上；当营业结束收银台关闭时，应切断扫描器的电源。日常工作中应注意扫描器的保养和管理，注意避光、除尘，经常保持扫描窗口表面的清洁；注意轻拿轻放，以防碰摔仪器。

（二）电脑的管理要求

（1）使用前，应正确安装电脑，并将其摆放整齐。严禁随意移动、私自拆卸及野蛮操作电脑。经常保持电脑及其周围环境的清洁卫生。严禁随意删除电脑内的各种软件、数据等；严禁随便修改电脑系统，如系统配置、口令、IP 地址等。

（2）严禁使用外来软件，以防感染病毒，破坏机器。确因工作需要使用外来软件时，应报电脑管理部门批准，经电脑管理部门检查后方可使用。

（3）严禁利用电脑及网络设备泄露公司资料；严禁使用他人的用户名和密码；严禁在一台电脑上开多个用户窗口，操作人员离开时必须退出应用程序。禁止撕毁电脑设备外的标识性文字、封条等；不得利用网络异地传递大批量和大型图形文件。

（4）电脑开关机必须按顺序操作：开机时，先打开 UPS 电源，再打开外围设备（打印机、显示器等）电源，最后开电脑主机电源。营业结束时，先退出所有的应用程序，再退出操作系统，关上主机电源，关好外围设备电源，最后关 UPS 电源。若在使用中电脑出现故障，应立即停止使用，通知电脑管理部门前来维修，严禁自行维修。

（三）显示器的管理要求

（1）要经常保持显示器的清洁卫生，但不得使用表面粗糙的布或纸擦拭显示器，以防划擦显示器表面，影响显示效果。

（2）不要随意转动显示器，如需调整显示器的角度，应双手轻轻地转动，以免数据线松动或扭断而损坏显示器。

（3）工作中如发现显示器异常时，应立即和电脑管理部门人员联系，严禁自行拆卸检查。

（四）打印机的管理要求

（1）经常保持打印机的清洁卫生，不得随意移动和私自拆卸打印机。严禁在换打印纸、色带、墨盒及撕纸时动作不当或野蛮操作。

（2）打印机工作时，收银员应注意看守，如出现卡纸时应立即停机处理。

（3）工作中如打印机出现异常，应立即和电脑管理部门人员联系，严禁自行拆卸维修。

（五）UPS 电源的管理要求

（1）经常保持 UPS 电源外壳的清洁卫生，严禁把 UPS 电源放在潮湿的地方，不要在 UPS 电源上及其周围放置任何物品。

（2）开启电脑设备之前应先开启 UPS 电源，而关闭 UPS 电源之前应先关闭电脑设备。在带电的情况下不得搬动 UPS 电源或拔插 UPS 上的电源线；严禁在 UPS 电源上接连与电脑无关的设备，以防 UPS 超负荷运转。

（3）当开启或使用中的 UPS 发出报警声及非正常声音时，须立即通知电脑管理部门人员。未经电脑管理部门人员许可，严禁以任何理由打开 UPS 电源进行检查。

（4）工作中的 UPS 一旦短路，须立即切断电源，并通知电脑管理部门值班人员到场处理。

任务三　防损安全管理

防损是通过执行制度、规范流程来降低安全风险，以避免发生或即将发生的损耗。防损管理是根据损耗产生的原因和规律，全面实施控制的管理体系。防损管理的意义在于降低经营成本、监控和稽核经营流程、防范经营安全风险等。

防损安全管理

经营企业的防损工作是全员、全过程的，存在于企业经营过程中的收银、收货、商品保管、防火防盗等许多方面。这里重点介绍有关收银工作的防损管理。

一、外部防损安全管理

对于收银岗位来说，外部防损主要是指对顾客的防损。收银工作直接面对顾客、商品和现金，因此收银员要增强防范意识，提高防损与防骗能力。收银员的有效防损能够防止商品流失和确保资金安全。

（一）外部收银风险主要表现

外部收银防损，主要从顾客方面和收银员与顾客合谋两个方面加以说明可能出现的需防损的具体情形。

1. 从顾客方面看

从顾客方面看，可能出现的具体情形有：

（1）商品漏扫。

顾客拿在手中或夹杂在宣传单、书刊中的商品，顾客遗留在购物车及购物篮里的、夹带在衣服里及一些盒装商品，大型包装里未被收银员注意到的商品等会出现漏扫的情况。

（2）顾客欺诈。

拿假币、忽悠钱、窃钱骗术、骗商品等都是欺诈行为。一些非原始包装的商品可能会被调换，低价的包装里换成高价商品或者更换条形码，用商品冒充赠品。

（3）突发事件的发生。

收银过程中常见的突发事件一般有停电、脱机、抢劫、火灾等，顾客可能乘机带走商品。

2. 从收银员与顾客合谋方面看

收银员与顾客合谋行为一般发生在收银员与其关系密切的顾客之间，具体表现为：

（1）收银员在结账时，顾客买 10 件相同商品，收银员只录入 5 件商品，其余的商品就相当于免费赠送了。

（2）用低价商品的编码减少应收实际金额，也就是顾客买了件高价商品，但是收银员却提前记下了低价商品的编码，并在顾客结账时偷偷录入从而造成了商品的损失。

（3）收银员利用"取消"功能键，在与顾客交易时，把尚未付款的账单整单取消，造成商品重大损失。

（二）外部防损的管理措施

根据外部损耗的表现和特征，控制方法主要从对收银工作行为规范的管理、对收银防骗技巧的掌握以及加强环境监控几个方面来管理。收银工作是动态的，案例千差万别，所以各收银场所要在常规制度的基础上，适时地、有针对性地根据最新情况及薄弱环节不断进行完善，制定出适合的行为规范或规章制度。

1. 规范管理收银员行为

为防止收银员操作不当及工作疏忽等造成收银损耗，应规范收银行为，控制收银损耗。

（1）如果发现被顾客拿在手中或放在购物篮中的不容易被注意到的商品，如小孩手中拿的糖果和玩具，放在购物车下面整箱的酒、饮料等，收银员要主动帮助顾客把购物篮中的大件商品拿到收银台上，这样既显示出对顾客的热情又避免了漏掉商品。

（2）遇到有包装盒的商品，收银员在收银时要打开包装盒检查，防止顾客调换内包装商品。如果是电饭锅、箱包、棉被等大型包装的物品，更需要开箱检查，防止里面夹带小件商品。

（3）收银员要注意顾客手里拿的、身上穿的、头上戴的、脚底下的及与结账顾客同行的其他顾客，也要留意从收银通道经过的未结账的顾客。如果发现顾客有偷盗行为或疑点，比如，神色慌张、衣服臃肿肥大等不正常的表现，可以叫防损专员协助处理。

（4）在收银时，要核对扫描商品和出售商品是否一致，避免称重条码错误带来的经营损失。如生鲜食品及干果等散装称重食品。

（5）对收银岗位实行内部控制式管理，如取消交易、取消收款、退换货等都由收银主管来完成，避免收银员与顾客联合偷盗行为带来的损耗。

2. 强化收银环境监控管理

（1）设置防盗报警系统。

当前市场上的防盗设备有很多，选择适合本门店的防盗设备至关重要。设置防盗报警系统的安装位置十分关键，不能有盲区，根据场地情况，可以选择点型入侵探测器、直线型入侵探测器、面型入侵探测器、空间型入侵探测器。安装报警控制器应能够接收来自入侵探测器发出的报警信号，发出声光报警并能指示入侵发生部位，且能打开灯光，启动监控系统的录像机，将报警的场面及时记录下来。

（2）安装电视监控系统。

在商场内安装电视监控系统，不仅可以看到顾客的购物情况，还可以提早发现犯罪分子，并可以打开录像机进行录像作为证据，尤其在收银台上方装一部摄像机，不仅可以观察顾客的结账情况，还可以监督收银员的工作情况，杜绝资金方面的漏洞。

（三）收银防骗技巧

1. 防假币

收银员日常就要学习和具备识别假币的技巧和能力，当收到假币时要保持冷静，立即通报上级部门，按照规定处理。如遇故意诈骗的顾客，要防止利用换手之际，以假换真，在顾客零钱找出来之前，不要将整钞交给顾客，对换手的整钞必须重新检查。

2. 防忽悠

收银员在进行收银工作时要时刻保持头脑清醒，提高警惕，收付款都要放在明面上，坚持"唱收、唱付、唱找"的收银规范。

3. 防窃钱

收银员切记不能让顾客接触钱箱或抽屉，如果顾客有意或无意接触或强行接触，要及时通知主管或安保人员、防损专员等到现场处理，在确认钱箱或抽屉里的现金安全无误后再让顾客离开。

4. 防骗商品

收银员在扫描商品时一定要注意商品的包装及标签是否完整，是否与实际商品的品名一致。对散装的商品、大件商品等要高度重视，必要时打开包装验查。对有赠品的商品，应认真核对是否相符。

提问 3-1

收银是否可以完全信息化

随着现代社会经济和互联网的发展，微信、支付宝、闪付、银联钱包及超市里的自助结算机等现代收银方式已经普遍运用起来了，移动支付让我们的生活变得更加便捷，智能收银的优势也更加明显。那么，是否意味着在超市里就不需要人工收银了呢？答案当然是否定的。一方面，因为自助收银毕竟是新兴的结算方式，需要人来指导操作；另一方面，有一些年龄偏大的老年人，不会使用手机和自助收银设备进行结算，还需要传统的人工收银。另外，移动支付方式和现代收银设备的数据及信息的安全方面也需要持续的完善和发展。

二、内部防损安全管理

内部防损主要是指收银员自身工作的防损，内部损耗也是商品损耗的一个重要方面，主要是收银员过失行为和不当行为造成商品流失或损耗。

（一）内部防损中收银风险的主要表现

（1）现金收款错误。如输错了商品的金额、多收钱、少收钱、收假钞及换零钞有误等。

（2）商品信息输入错误。如条码和商品名称不符、散装食品计量错误等。

（3）商品数量录入错误。如大宗购物计数错误、修改数量错误、收钱漏打单、未收钱漏打单、重复漏单等。

（4）银行卡操作错误。如刷卡错误、金额录入错误、无效卡单、底单丢失等。

（5）收银员利用"退货键""立即更正键"消除登打金额，乘机抽取现金，或特价期间的特卖品予以原价退回。

（6）其他操作错误。如个人收银密码暴露被他人违规使用、退换货操作失误、收银章保管不善等。

（二）内部防损的防范措施

（1）制定收银员作业规范及绩效考评制度。要按照收银防损的工作规定，对收银员加强培训，要求其时刻提高警惕，按流程办事，要同时做到人防与技防相结合，充分利用监控系统做好现场重点部位、岗位和环节的监控，防止商品流失被盗。

（2）规范收银员结账的基本程序，要求收银员了解并熟练操作收银设备，掌握排除常见收银机故障的方法，在收银过程中遇到突发事件应当保持镇定，并按照收银工作的规章制度做出正确的处理。

（3）收银员每天换不同收银台可避免滋生不良行为。定期对长短款前几名的收银员进行调查，并在平时工作中进行检查。

（4）随时利用监控系统，对店面购物情况进行检查。监督各个时段收银状况，对收银员的操作进行暗中测试,若有异常立即检查。

（5）加强收银员吃饭、交接班时间的检查。

（6）避免收银员利用"退货键""立即更正键"消除已登录的商品,加强对顾客退换货、商品退换工作流程的监督、检查。

（7）要求收银员具有良好的思想道德品质,遵守收银工作的一切规章制度,热爱本职工作,责任心强,工作任劳任怨,具有熟练的专业技能和基础的财务知识。

（三）收银员工作的管理制度

在收银内部防损工作中,对收银员的工作管理和行为规范管理是加强防损工作的重要内容,要求收银员严格遵守行为规章也是收银内部防损工作的关键环节。各单位可根据《中华人民共和国会计法》《现金管理暂行条例》等规章制度,以及本单位的实际需求来制定本单位内部的收银管理制度。

（1）按时上班上岗,注意着装礼仪、正确佩戴工牌、使用礼貌用语（"您好""谢谢""对不起"）。收银员服务过程要做到微笑、热情、主动、真诚,不得与顾客发生争吵,要有顾客至上的服务理念。

（2）收银时要礼貌待人、吐字清晰,做到"唱收唱付",将核对整理的消费流水单及电脑打印的结算账单呈示给顾客,待顾客确认后办理结算手续,现金结算提醒顾客当面点清。

（3）收银员负责看管收银台的所有物品（如各类收银设备、POS 机等）,严禁非收银人员进入收银台。在收银台执行作业时更不可擅自离位,保管好自己的上机密码,不得对外泄露,确保资金安全和商品安全。

（4）收银员要熟练掌握本岗位的工作流程,做到规范运作。收银的整个过程要快速准确,包括收银员扫描、装袋、刷卡、找零等。收银员还应熟悉便民特色服务的内容、促销活动、当日特价商品及商品存放的位置等信息,收银员熟悉上述各种信息,除了可以迅速回答顾客的询问,亦可主动告知店内促销商品,让顾客有宾至如归、受到重视的感觉,同时还可以提高销售业绩。

（5）收银员身上不可带现金,收银员在执行作业时,身上如有现金,容易让人误认为是店内公款而造成不必要的困扰。收银台也不能放置任何私人物品,否则容易与顾客的货物混淆,引起不必要的误会。

（6）收银工作结束离开收银台时,要将"暂停结账"牌摆放在顾客容易看到的地方或用链条将收银通道围住。然后将所有现金全部锁入钱箱内,同时将收银机上的锁匙转至锁定的位置,锁匙必须随身带着,交由相关人员保管或放置在规定的地方。

（7）认真做好结账工作,做到一日一结,每天交班前必须办理结账,认真填写交款清单,确保钱款与清单金额一致,并在指定的时间、指定的路线由收银办公室人员或安保人员统一护送到收银办公室上缴当日销售款,严禁由他人代交款,待由收银主管确认签字后方可离开。

知识链接

零售企业防损的工作意义

1981年中国第一家超市在广州诞生，掀起了20世纪80年代初期中国开架售货的第一次商潮，最后终因防盗不利，损耗率太高而不得不关门歇业。打击外盗与内盗、加强安全防范成为商场保卫部门的首要任务，"站好岗，守好门，抓小偷，保安全"是很多超市老总对保卫经理们的要求。国内第一批超市沿用的是老商业企业"保卫"的概念，付出了大量的人力、物力，引进了电子商品防窃（Electronic Article Surveillance, EAS）系统、监控（Close-Circuit Television, CCTV）系统，在一片喊"打"声中，保卫部门有了很大的收获，面对每月抓获的上百名窃贼、上万元的罚没款收入，他们觉得可以歇口气了，然而好景不长，一些"聪明"的员工，开始研究超市的运营程序，一些漏洞被他们找到，一些莫明其妙的失窃开始发生，盘点中一些巨大的差异无法解释，不可能被偷的彩电、冰箱也经常丢失。收银员变得非常富有，老总总是接到对采购员的匿名举报信，一位因被怀疑受贿而被开除的采购员竟开着本田车来找公司的保卫经理，并告诉他新买的房子就在对面。这些损失远远大于偷窃，无形的损耗更大于有形的损耗，保卫部门对此却束手无策。20世纪末，一些超市的保卫科、保安部开始把部门名称换成防损部，"损耗控制"成为防损管理的核心内容。适应现代零售企业的防损体系应运而生，它的产生既不是理论家们构想出来的，也不是从国外照搬来的，正如一位防损经理所说的："我们是通过一场场恶战，杀出来的"，它是一件件发人深省的案件换来的、是企业交了无数学费后买来的。因此对于零售企业来说，防损工作意义重大。

项目精要

通过本项目的学习，学生能够根据现金管理制度、支票管理原则及相关注意事项，根据发票领用、保管的具体要求，指导实际收银工作，进一步规范收银工作的科学管理；了解印章、收银设备的管理制度，熟知防损风险的产生与防范，能够减少商场、卖场或超市的运营成本，增加其收益，进而促进商场或超市经营活动的合法性、规范性、合理性，对防止商品的流失有一定的指导意义。

项目训练

任务训练一　思考题

1. 简答现金管理制度的基本内容。
2. 简述卖场出现损耗的成因。
3. 描述收银员的防骗技巧。

任务训练二　案例分析题

【任务资料】2021年1月3日上午，佳佳购物广场防损员针对收银台偶尔出现的商品与条码不符的情况进行了跟踪。超市进口的红富士苹果上贴的商品标签，防损员拿掉标签后去生鲜处过磅，过磅处没有看到标签，就按普通红富士苹果的价格给防损员计了价（500克进口红富士苹果售价为9元多，而500克普通红富士苹果售价为4元多）。去收银台买单，收银员也未发现，防损员将掉包后的苹果轻而易举地拿出了超市。

【任务要求】请问防损员此做法是否正确？请简要说明理由。

📧 上岗一试

【任务资料1及要求】李华大学毕业后到佳佳超市从事收银工作，第一天上岗就遇到一位带小孩的顾客购买了大量的盒装商品，针对这种情况你来指导李华应该怎么做。

【任务资料2及要求】2021年春节过后张强来到超市上班，看到超市扫描器要更新了，由台式扫描器换成手持式的，在高兴之余，负责人对张强说，"写一篇关于手持式扫描器管理要求的报告给我再下班。"你替张强思考下，手持式扫描器管理要求的具体内容有哪些？

【任务资料3及要求】利用业余时间到实习单位的财务部门，熟悉现金、支票、发票和印章的使用流程，并学习有关现金、支票、发票及印章的管理制度。

项目八

收银相关业务处理

项目总体目标

知识目标：1. 掌握退/换货的标准及业务操作
          2. 熟悉退/换货业务的注意事项
          3. 知悉应急突发事件的范围及日常防范措施
          4. 了解退/换货业务的含义
能力目标：1. 能够熟练处理退/换货的流程
          2. 能够处理发生的日常应急突发事件
素质目标：学会为顾客服务的技巧，严谨认真，规范做事

消费者庄先生在新房装修前购买了一台电热水器，当时因为还没有装修，厂家送货时就没有安装。在装修时，庄先生为了方便，就让装修师傅给装上了。可没料到，装修师傅安装进出水管时不规范，使用的管材质量也不好，导致热水器出现漏水现象，差点儿把庄先生家的地板给泡了，幸亏发现及时，才没有酿成大祸，不过洗手间门口附近的地板还是浸水变形了。厂家维修人员上门后表示，因为是庄先生私自不规范安装导致热水器出现故障，他们不再负责"三包"，要想维修，必须自费。庄先生觉得很郁闷，厂家维修人员坚持不让步，刚刚使用一年多的热水器就这样失去了享受"三包"的资格，庄先生应该怎么办呢？

任务一 退/换货业务处理

由于顾客需求的多样性和复杂性，难免会有不能满足顾客需要的情况出现，使顾客产生抱怨，而这种抱怨又常在退/换货时产生。因此，收银员应掌握退/换货相关应对技巧。

退/换货业务是收银工作的一项日常相关业务，零售企业的退/换货政策及退/换货处理的情况，在一定程度上影响着顾客对企业的认知程度。因此，做好商品退/换货业务的处理工作，不仅是提高零售企业服务质量的一项重要内容，也会对企业的经营发展有很大的促进作用。

一、退/换货认知

（一）退/换货概述

1. 退货的含义及分类

（1）退货的含义。

退货是指顾客在购买商品后的一定时期内，将不满意的商品或确有质量问题的商品退还给卖方的过程。

（2）退货的分类。

① 按退货形式不同分为正常退货、手退和空退三种。

正常退货是指因顾客所购商品有质量问题，顾客持发票及商品前来退货。

手退是指因顾客遗失发票或时间长久，电脑资料无法查询时的退货。

空退是指因顾客购买的生鲜类商品已经加工使用，无法再退回卖场销售；或收银台多扫描、重复扫描造成的退货。

② 按所退商品是否已开单，分为退非开单销售商品和退开单销售商品。

2. 换货的含义及分类

（1）换货的含义。

换货是指顾客以某种理由要求商家予以更换商品，或商家对顾客购买的有质量问题的商品按国家有关法律规定做换货处理。

（2）换货的分类。

按所退商品是否已开单，分为更换非开单销售商品和更换开单销售商品。

（二）退/换货的标准

处理顾客退/换货要遵循依法行事的原则，依据国家颁布的《部分商品修理更换退货责任规定》、《中华人民共和国消费者权益保护法》（简称《消费者权益保护法》）和《中华人民共和国质量法》（简称《质量法》）等相关法律法规，按国家相关规定执行。对于顾客提出的超出相关法律范围及公司退/换货原则的要求，可说服顾客依据法律解决问题。

1. 国家"三包"规定标准

国家有关"三包"的规定实施细则如下：

（1）产品自销售之日起 7 天内，发生性能故障，消费者可以选择退货、换货或修理。退货时，销售者应按发票金额一次性退清货款。

资料库 8-1　　　7 天无理由退/换货

（2）产品自销售之日起 15 天内，发生性能故障，消费者可以选择换货或修理，换货时，销售者免费为消费者提供同行号、同规格的产品。

（3）在"三包"期内，修理两次仍不能正常使用的产品，凭消费者提供的修理记录和证明，由销售者为消费者免费调换同型号、同规格的产品。

（4）在"三包"期内，符合换货条件的，因销售者不能提供同型号、同规格的商品，消费者不愿意接受其他型号规格的产品而要求退货的，销售者应予以退货，有同型号、同规格的产品而消费者不愿意调换要求退货的，销售者应予以退货，按规定收取一定的折旧费。

（5）换货时，残次商品、不合格商品、修理过的商品不能提供给消费者。

2. 某超市退/换货标准

（1）普通商品：商品有质量问题，顾客凭电脑小票或发票在 7 天内可退货，15 天内可调换。

（2）大小家电：在 7 天内商品有性能故障，顾客可凭电脑小票或发票退货，15 天内可换货，超过 15 天的，在维修期内可由厂家负责维修。

（3）以下商品不在退/换货范围之内：购买超过 7 天的商品；原包装损坏、遗失、配件不全、损坏的商品；超市出售的"处理商品、残次品、等外品"；个人卫生用品（内衣、泳衣、睡衣、袜子等）；消耗性商品（电池、胶卷等）；化妆品、生鲜食品；未经测试及登记名牌号的影音家电商品。

（4）对要求更换的商品，原则上是同一条形码的商品只有在同一商品缺货的情况下，顾客才可以采用补差价的方式，换购另一规格、型号的商品。

（5）对暂时无法退换、需要厂家来协助的商品，可让顾客先把商品留下，填写"商品退/换货登记表"，登记明确的退/换货理由，并告知顾客明确的处理期限（一般不超过 7 天）。

（6）若商品有明显的使用痕迹或因顾客使用不当而损坏的商品不予退换。

（7）未尽事宜，参照"三包"规定办理。

某超市退/换货标准一览表如表 8-1 所示。

表 8-1 某超市退/换货标准一览表

序　号	退/换货标准	退　货	换　货
1	有质量问题的商品，在退换的时限内	可	可
2	有质量问题的商品，超出退货时限，在换货时限内	否	可
3	有质量问题的商品，超出退/换货的时限	否	否
4	一般性商品无质量问题，但不影响重新销售的	否	可
5	一般性商品无质量问题，但有明显使用痕迹的	否	否
6	经过顾客加工或特别为顾客加工后，无质量问题的	否	否
7	因顾客使用、维修、保养不当或自行拆装造成损坏的	否	否
8	商品销售后因自然灾害造成损坏的	否	否
9	原包装损坏或遗失，配件不全或损坏、无保修卡的商品	否	否
10	内衣裤等，如内裤、文胸、睡衣、泳衣等	否	否
11	商场出售的清仓品	否	否
12	消耗性商品，如电池、胶卷	否	否
13	化装品（不包括一般性的护肤品）	否	否
14	无质量问题已售出的生鲜食品	否	否
15	赠品或无本超市购物小票及非本超市商品	否	否

二、退/换货业务注意事项

（一）受理

顾客提出退/换货要求，相关值班员要面带微笑、热情接待，根据顾客提供的电脑小票等购物凭证，检查退/换商品是否符合商品退/换货标准，认真听取顾客的要求。如值班员不能确认该商品是否符合退/换货标准，可通知商品部门主管到服务台协助判断。顾客要求退/换商品属于公司退/换货范围内的，由值班员确定处理方式，并填写"退（换）货单"一式二联（第一联存根联留存服务台；第二联收银联交门店财务），办理退/换货手续。顾客无电脑小票或发票但能提供其他证明（如公司标价签、公司商品条码、发票复印件等）

的，退/换货须经前台经理或以上人员审核，在"退（换）货单"上签字同意后，交服务台受理。服务台值班员审核"退（换）货单"后，办理退/换货手续。

（二）退货手续的业务操作

1. 退非开单销售商品

（1）填制"退货单"（或登记"退/换货登记表"），相关人员签字且注明实收数量。

（2）收回原购物小票，对一票多品种的电脑小票，如顾客需要保留小票原件，则将小票流水号及收银台号填到"退货单"上，并将所退商品在原购物小票上划线标注"已退"字样，通知收银监察或值班店总在"退货单"签字后，将电脑小票原件返还顾客。

（3）授权收银机处理退货。值班员在服务台的收银台输入授权密码后，将手续完备的"退货单"交收银员签名后录入电脑，收银员按退货键，进入"退货"操作界面，录入交易流水号、营业员工号、退货商品编码等信息，完毕后按"确认"键，打印机自动打印出退货电脑小票；值班员在电脑小票上签名后交收银员退给顾客货款。

（4）退还顾客所交货款。收银员在退还顾客货款时，应根据顾客购物时所采用的支付方式予以处理。

① 以现金结账的退货。退货程序处理完毕，收银员要当场退给顾客与购买商品同等的现金。

② 以银行卡结账的退货。退货程序处理完毕，只能通过银行划账的形式将退货款划到顾客的银行卡中，不得退付现金。

顾客当天退货，收银员可凭顾客的签购单在银联 POS 机上按"消费撤销"键，根据屏幕提示一一输入相关记录，由银联 POS 机自动处理后，打印出消费撤销的 POS 凭条；然后再在收银机上取消当日的该笔销售单据即可。部分退货的，先在收银机做全额撤销处理，再将未退部分商品做重新销售处理。

顾客隔日退货，收银员应告知顾客把钱退到卡上的时间会比较慢，本市需要 3～7 天的时间，外地需要 7～15 天的时间。如顾客同意将钱退到银行卡上，收银员可按上述操作进行退货，并在消费撤销的 POS 凭条背面注明收银台电话，以备顾客查询；同时记录顾客的卡号、金额、开户行地址、顾客姓名及联系方式，以便做好回访工作。

③ 以支票结账的退货。首先，支票到账前不可以退货。支票到账后顾客需要退货时，先由营业员带顾客到财务部办理支票退货手续；然后收银员凭财务部开具的"支票退货审批单"和红字销售凭证，在收银机上做退货处理。结账时填写红字支票送存簿，并与"支票退货审批单"一起交总收款室。

④ 以优惠卡、优惠券结账的退货。如果顾客购物时使用的是优惠卡或优惠券，收银员在退货处理时只能退还顾客同等金额的优惠卡或购物券，不得退付现金。

（5）值班员将收回的原购物小票、退货电脑小票第三联贴在"退货单"的收银联上，退货电脑小票第二联贴于"退货单"第一联存根联后，由服务台留存。

2. 退开单销售商品

（1）值班员在顾客原电脑小票上加盖服务台"退/换货专用章"，并通知商品部门人员到服务台办理退货手续。

（2）商品部门人员凭盖章的电脑小票填制退货（红字）手工购物单，交值班员，同时在"退货单"上签名且注明实收数量。

（3）值班员将原电脑小票收回，对一票多品种电脑小票，如顾客需要保留小票原件，则将小票流水号及收银台号填到"退货单"上，通知收银监察或值班店总在"退货单"上签字后，将电脑小票原件返还顾客。

（4）值班员在服务台的收银台输入授权密码后，将手续完备的"退货单"及手工购物单交收银员签名后录入电脑，打印出退货电脑小票，值班员在电脑小票上签字后交收银员退给顾客货款。

（5）退还顾客所交货款，方法和退非开单销售商品相同。

（6）值班员将收回的原购物小票、退货电脑小票第三联贴在"退货单"的收银联上，退货电脑小票第二联及收银员盖章后的红字手工购物单交商品部门留存。

（三）换货手续的业务操作

换货手续的业务操作与退货业务大同小异，当顾客提出换货要求后，由值班员验收商品，并确认商品是否符合换货范围，如值班员不能确认商品是否符合换货范围，应通知商品部门主管到服务台验收商品。

1. 更换非开单销售商品

（1）在电脑小票上加盖"退/换货专用章"，在小票背面注名"换货"字样并签名，退回商品需留存服务台。

（2）顾客持电脑小票到商品部门挑选新商品。

（3）顾客执新选商品从指定退/换货收银台办理退货手续。指定收银台收银员验证顾客电脑小票上需换商品与顾客挑选的新商品是否是同条码、同编码商品。

① 如顾客挑选的新商品与需换商品条码相符，收银员可在顾客电脑小票的所换商品上注明"已换新"和更换日期并签字，将电脑小票和商品交给顾客。

② 如顾客挑选的新商品与需换商品条码不符，收银员可建议顾客对新换商品先行买单，之后顾客可凭新购商品的电脑小票及原需换商品的电脑小票，到服务台对原需换商品办理退货手续。如顾客不同意对新换商品先行买单，收银员应要求顾客将商品留存收银台，并将新商品条码抄到小票背面并签字，请顾客到服务台办理收、付差价手续（服务台距离较远的门店可通知服务台值班员到收银台授权收银员办理）。服务台值班员检查商品条码，填写"换货单"，并签字且注明实收数量。值班员将原电脑小票收回，对一票多品种电脑小票，如顾客需要保留小票原件，则将小票流水号及收银台号填到"换货单"上，通知收银监察或值班店总在"换货单"上签字后，将电脑小票原件返还顾客，并在该商品小票上注明"已换新"字样。

值班员在收银台输入授权密码后，将"换货单"交收银员签字后录入电脑，打印出换货电脑小票，并由值班员在电脑小票上签字后，交收银员收、付换货差价，并将退、补差价的换货电脑小票第一联交给顾客。顾客凭换货电脑小票第一联，回原指定收银台，收银员核对顾客电脑小票后，将电脑小票和商品交给顾客。

（4）值班员将换货电脑小票第三联贴于"换货单"收银联上。退货电脑小票第二联贴于"换货单"第一联，由服务台留存。

2. 更换开单销售商品

（1）需换商品与顾客挑选的新商品是同条码、同编码商品。商品部门人员收回原商品，并在顾客电脑小票的所换商品上注明"已换新"字样和更换日期，并签字，将电脑小票和新换商品交给顾客。

（2）顾客挑选的新商品与需换商品条码不符，商品部门人员应分别对将退回、换出商品填制红字、蓝字手工购物单，执已换商品、顾客原电脑小票、手工购物单，与顾客一起到服务台办理补差价手续。

① 服务台值班员检查商品条码、编码，填写"换货单"，并签字且注明实收数量。

② 值班员将原电脑小票收回，对一票多品种电脑小票，如顾客需要保留小票原件，则将小票流水号及收银台号填到"换货单"上，通知收银监察或值班店总在"换货单"上签字后，将电脑小票原件返还顾客。

③ 值班员在收银台输入授权密码后，将"换货单"交收银员签字后录入电脑，打印出退货电脑小票，并由值班员在电脑小票上签字后，交收银员收、付换货差价，并将红字、蓝字手工购物单和退、补差价的退货电脑小票第二联交给商品部门人员，退货电脑小票第一联交给顾客。

（3）商品部门人员检查收银员盖章后的手工购物单及退货电脑小票第二联后留存单据，并发货给顾客。

提问 8-1

退/换货能视为销售失败吗

退/换货业务并非是企业销售的失败，而应看作是另一次交易的开始。通过退/换货业务的合理处理，可以重新获得顾客的信任，赢得市场。所以在退/换货业务中，工作人员应注意以下几点：

（1）顾客第一原则。在处理退/换货的时候要注意礼貌用语，有同情心，将心比心，设身处地为顾客考虑，在不影响本企业利益的前提下，灵活处理，以最大限度地满足消费者的要求。

（2）熟知退换政策、标准，《中华人民共和国消费者权益保护法》及商品常识及相关的商品知识。

（3）明确权限。

（4）寻求最佳退款方式。退款方式最好对照原购物付款方式。

三、处理退/换货业务的操作

商场、超市的退/换货业务应根据本企业"商品销售退/换货管理规定"进行，尽量做到既保证顾客满意，又使企业的损失降到最小。

（一）退货业务的操作

1. 退货业务流程

退货业务流程如图 8-1 所示。

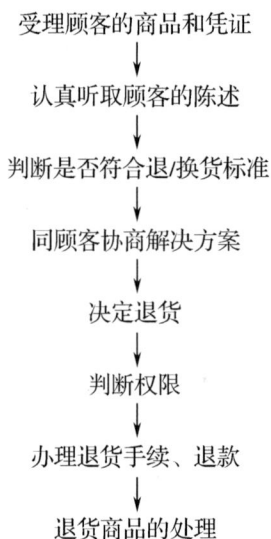

受理顾客的商品和凭证
↓
认真听取顾客的陈述
↓
判断是否符合退/换货标准
↓
同顾客协商解决方案
↓
决定退货
↓
判断权限
↓
办理退货手续、退款
↓
退货商品的处理

退/换货业务说明

图 8-1 退货业务流程

2. 退货业务流程说明

（1）受理顾客的商品和凭证。

当顾客携带商品来要求退货时，相关人员要热情接待，首先审核顾客是否有本商场或超市的销售发票或收银小票，以确定顾客所购商品是否属于本店出售的商品，再确认该商品属于哪一类商品，是否属于退货商品的范围。

（2）认真听取顾客的陈述。

要面带微笑，态度诚恳，认真听取顾客有关的抱怨和要求，耐心倾听顾客陈述有关商品退货的原因，判断是否属于商品的质量问题，并做好记录，这些记录可能成为今后改进工作的依据。

（3）判断是否符合退/换货标准。

商品受理后，应根据《中华人民共和国消费者权益保护法》的有关规定以及本公司《商品销售退/换货管理规定》，判断该商品是否符合退货条件。如公司的《商品销售退/换货管理规定》与《中华人民共和国消费者权益保护法》有关条款相冲突，应以《中华人民共和国消费者权益保护法》相关内容为准，如不能满足顾客的要求而顾客依然坚持的话，应请上一级管理人员处理。

资料库 8-2　　📖　退货标准

（4）同顾客协商解决方案。

同顾客协商解决方案，即提出解决方法，一般情况下应尽量让顾客选择换货。如果顾客坚持要求退货的，经审核符合退货条件的，应同意其退货。

（5）决定退货：双方同意退货。

（6）判断权限：退货的金额是否在处理的权限范围内。

（7）办理退货手续、退款：

① 开具红色销售凭证。

② 填写"退/换货登记簿"。

③ 收回顾客原购物凭证。

④ 收银机处理退货程序。

⑤ 退还顾客所交货款。

（8）退货商品的处理。

将退货商品放在退货商品区，并将"退货单"的一联贴在商品上。"退货单"共两联。一联由退/换处留底，营业结束后经收银经理/保安检查后上缴现金室；另一联附在商品上，营业结束后随商品返回楼面。顾客退货单如表 8-2 所示。

表 8-2　顾客退货单　　　　　　　　　　　　　　NO：

日期：　年　月　日　时　　　　　　退货交易号码：

凭证单号：　　　　　　　　　　　顾客签名：

购货日期：　　　　　　　　　　　是否缺陷商品：

货　号	品　名	数　量	单　价	金　额	退货原因	备　注
楼面确认						
金额差异	单价差异：			总价差异：		

制单：　　　　　　　授权核准：　　　　　　　　　　收银：

填表说明：

① NO：顾客退货单的流水顺序号。

② 日期：年、月、日、时。

③ 凭证单号：收银小票或发票单号。

④ 购货日期：年、月、日。

⑤ 退货交易号码：收银机办理退现金的交易号。

⑥ 顾客签名：顾客领取现金后签名。

⑦ 是否缺陷商品：商品是否有质量问题。

⑧ 货号：退货商品的货号。

⑨ 品名：退货商品的名称。

⑩ 数量：退货商品的数量。

⑪ 单价：退货商品的退货单价。

⑫ 金额：退货商品的金额。

⑬ 退货原因：商品退货原因。

⑭ 楼面确认：楼面确认是否为质量问题。

⑮ 单价差异：退货商品现在的单价与购物小票单价的差异。

⑯ 总价差异：所有退货商品的现在总价与购买时该批商品总价的差异。

⑰ 制单：制单人签名。

⑱ 授权核准：核准或授权经理的签名。

⑲ 收银：操作电脑退款程序人员的签名。

提问 8-2

顾客购买的商品没有保质期的标识，该如何处理

顾客在快乐超市的面包房购买了一袋面包，到家后发现面包没有保质期的标识，并且面包已经有些黏手。面对这种情况，该怎么处理呢？首先向顾客道歉，做退货处理，然后感谢顾客为商场工作提出的意见。避免措施：立即将顾客投诉通知部门管理层或负责食品质量控制的人。

（二）换货业务的操作

1．换货业务流程

换货业务流程如图 8-2 所示。

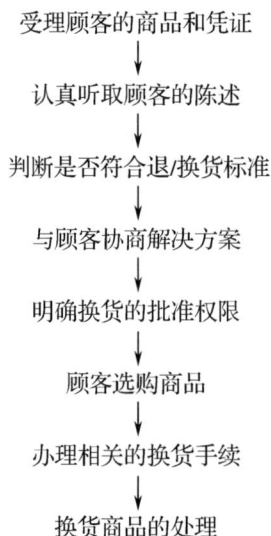

受理顾客的商品和凭证
↓
认真听取顾客的陈述
↓
判断是否符合退/换货标准
↓
与顾客协商解决方案
↓
明确换货的批准权限
↓
顾客选购商品
↓
办理相关的换货手续
↓
换货商品的处理

图 8-2　换货业务流程

2. 换货业务流程说明

（1）受理顾客的商品和凭证。

当顾客携带商品要求换货时，和接待退货的顾客一样，相关人员要热情接待，首先审核顾客是否有本商场或超市的收银小票或销售发票，以确定顾客所购商品是否属于本店出售的商品；然后确认该商品属于哪一类商品，是否可以调换。

（2）认真听取顾客的陈述。

要面带微笑，耐心、平静地听取顾客陈述有关的抱怨和要求，认真、诚恳地倾听顾客陈述有关换货的原因，判断是否属于商品的质量问题。

（3）判断是否符合退/换货标准。

对顾客购买的商品进行仔细检查，确定商品是否属于不可换商品。结合公司政策、国家的法律及为顾客服务的准则，灵活处理，说服顾客达成一致的看法。

（4）与顾客协商解决方案。

收银员（或客服人员）与顾客协商解决方案，即双方同意调换同种商品或同类商品甚至不同商品。

（5）明确换货的批准权限。

对于不同金额及数量的商品换货，收银员（或客服人员）必须得到相应管理人员的授权、审核、批准才可以进行，即明确是否在他们处理的权限范围内。

（6）顾客选购商品。

填写"换货单"，复印顾客的收银小票或销售发票，以留底备查；顾客凭"换货单"的一联到商场选购要更换的商品。

（7）办理相关的换货手续。

① 由营业员填写"退/换货登记簿"，将"退/换货登记簿"上的有关事项填写清楚，填写完毕，由营业员和换货的顾客分别签字确认。

② 在收银机现场按换货的流程办理，"换货单"中的一联与收银小票或销售发票的复印件钉在一起，作为现金收入，实行多退少补现金法，并将换货交易号码填写在"换货单"的商品联上。

③ 顾客办理完换货手续后，营业员即可提取一件新的同类商品给顾客，并打开包裹让顾客检查有无质量缺陷，顾客满意后将商品包装完好交给顾客带走。

（8）换货商品的处理：将换货商品放在换货商品区，并将"换货单"的一联贴在商品上。

"换货单"共三联，一联收银机留底，一联顾客使用收回后收银机留底，营业结束后经收银经理/保安检查后上缴现金室，一联附在商品上，营业结束后随商品返回楼面。顾客换货单如表 8-3 所示。

表 8-3　顾客换货单　　　　　　　　　NO:

日期：　年　月　日　时　　　　　　换货交易号码：

凭证单号：　　　　　　　　　　　　顾客签名：

购货日期：　　　　　　　　　　　　是否缺陷商品：

货　　号	被换商品品名	数　量	单　价	金　额	金额差异

货　　号	替换商品品名	数　量	单　价	金　额	合　计

制单：　　　　　　　　授权核准：　　　　　　　　收银：

填写说明：

① NO：顾客换货单的流水顺序号。

② 日期：年、月、日、时。

③ 凭证单号：收银小票后发票单号。

④ 购货日期：年、月、日。

⑤ 换货交易号码：收银机办理换货的交易号。

⑥ 顾客签名：顾客换货后签名。

⑦ 是否缺陷商品：商品是否有质量问题。

⑧ 货号：被换商品的货号。

⑨ 被换/替换商品品名：被换/替换商品的名称。

⑩ 数量：被换商品的数量。

⑪ 单价：被换商品的换货单价。

⑫ 金额：被换商品的金额。

⑬ 金额差异：被换商品现在单价与购物小票单价的差异。

⑭ 合计：换货的合计总金额。

⑮ 制单：制单人签名。

⑯ 授权核准：收银管理层审核。

⑰ 收银：操作换货的收银员签名。

任务二　应急突发事件处理

一、突发事件处理

（一）火灾事件处理

1. 火灾报警措施

（1）火灾发生时，报警人首先通知本店总经理或值班经理，在报警时应讲明着火位置、火势大小、燃烧物资、有无人员伤亡及本人姓名、电话号码，最好不要离开或关闭电话，以便及时取得联系。

（2）火灾情况严重时，应立即拨打消防电话 119 报警。报警时要讲清楚发生火灾的单位、所在位置、联系电话。

（3）发生火灾时，所有人员均须服从现场指挥部的命令。

（4）经理是现场指挥部最高负责人，所有重要决策必须有经理或值班经理的批准。

2. 火灾处理措施

一旦火灾发生，应视火灾的大小、火势的强弱等情况采取不同的处理措施。

（1）如果火灾现场地点单一，无蔓延的可能，并能通过灭火器及消防栓控制，应采用的方案主要以灭火为主。一旦发现这种情况，收银员应该立即锁好钱箱，收好相关凭证，马上就近使用消防设施扑灭火势。

（2）如果火势迅速蔓延，或是有毒、化学易爆品发生火灾，或是已造成人员伤害，应采用的方案主要以疏散为主。具体措施如下：

① 作为收银员应该清楚，一旦发生火灾就意味着有可能关闭电源和设备，因此要尽快处理完手中的业务（如情况非常紧急，应该劝阻顾客放弃购物），关闭设备，切断电源。

② 收银员及财务人员负责看护好账目和现金，并同保安一起争取将其转移到安全地带。

③ 作为收银员，在做好本职工作的前提下，尽可能地帮助疏散顾客。如迅速打开收银通道，告诉顾客不要拥挤，不要使用电梯、电扶梯，以及紧急出口的就近位置等。

3. 常用的灭火方法

（1）冷却法。

将灭火剂直接喷射到燃烧物上，以降低燃烧物的温度，当燃烧物的温度降低到该燃烧物的燃点以下时，燃烧就停止了；或者将灭火剂喷洒在火源附近的可燃物上，使其温度降低，防止辐射热影响而起火。冷却法是灭火的主要方法，主要用水和二氧化碳冷却降温。

（2）隔离法。

将着火的地方或物体与其周围的可燃物隔离或移开，燃烧就会因为缺少可燃物而停止。

实际运用时，如将靠近火源的可燃、易燃、助燃的物品搬走；把着火的物件移到安全的地方；关闭电源，关闭可燃气体、液体管道阀门，中止和减少可燃物质进入燃烧区域；拆除与燃烧着火物毗邻的易燃建筑物等。

（3）窒息法。

阻止空气流入燃烧区或用不燃烧的物质冲淡空气，使燃烧物得不到足够的氧气而熄灭。实际运用时，如用石棉毯、湿麻袋、湿棉被、黄沙、泡沫等不燃或难燃物质覆盖在燃烧物上；用水蒸气或二氧化碳等气体灌注容器设备；封闭起火的建筑和设备门窗、孔洞等。

（4）抑制法。

抑制法是用含氟、溴的化学灭火剂喷向火焰，让灭火剂参与到燃烧反应中去，使游离基连锁（俗称"燃烧链"）反应中断，达到灭火的目的。

（二）抢劫事件处理

1. 抢劫的含义

抢劫是指使用武力，以武力相威胁或使用暴力，使受害人置身于恐惧之中，从而夺取或试图夺取他人所照看、保管或控制的财物的行为，而且，抢劫是一种危险的犯罪行为，极有可能对受害人造成伤害，从商场或超市的角度看，伴随抢劫的暴力对员工和顾客构成很大的威胁。

2. 商场或超市易遭抢劫的原因

（1）有现金，有商品。

（2）人多，易脱逃。

（3）缺乏安全防范措施。

事实上，无论是职业化的还是非职业化的抢劫犯，总希望能快速出入目标和逃离现场。通常，商场或超市大都在靠近前端收货区设办公室，出口附近设收银台。这样，就使得一些人对于抢劫及逃跑未做仔细考虑，这种人多数是业余抢劫者，满足于一时对钱、物的需要，对商场或超市所造成的损失大小取决于一两个收银机的现金量。如果对收银机里的现金控制手段不健全，损失就可能很大。

3. 避免抢劫风险的措施

（1）避免现金堆积。

① 保持收银机年内现金在最低限额。

② 营业结束时，应把结余现金分散开，以免总收款室和保险柜外存放大量钱款。

③ 保险柜内不隔夜存放现金，应及时联系银行收款及代存收银机零用金钱袋。

（2）收银台下安放保险柜。

① 在收银台下安放保险柜是一种保证过量现金避险的应急措施。

② 尽量及时取走收银机内的现金，有助于收银机内的现金保持最低限额。

提问 8-3

不能做到及时取走收银机内的现金怎么办

应尽量及时取走收银机内的现金，有助于收银机内的现金保持最低限额，但是实际工作中往往不能完全做到这一点。比如，在营业高峰期及深夜时，总收人员及时取走过量现金就不大现实了。这时，收银员可将所有大额钞票及过量现金放在收银台下的保险柜里。如果使用小保险柜，很容易从安放处运到总收款室时被打开。切记，从保险柜取现金需用另一把钥匙。

③ 最好使用那种能装延迟锁的保险柜，以增加安全性，即将钥匙插进去并转动后，通常有 10 分钟左右的等候时间。使用该锁能够拖延抢劫犯在现场滞留的时间，从而可以争得捕获抢劫犯的有效时机。

4. 发生抢劫事件的处理措施

一旦发生抢劫事件，作为收银员一定要沉着冷静，妥善采取以下处理措施：

（1）当抢劫事件发生时，收银员不要反抗，尽量保持人身安全，并严格按其要求去做。

（2）被抢劫犯逼迫的收银员要反应敏捷，且不动声色，按抢劫犯的要求将钱放进袋子里。

（3）尽最大努力注意抢劫犯的形象特征，而不要太显露地去观察抢劫犯究竟都干了些什么。

（4）抢劫犯离店后立刻报警，若有无声警报系统，应尽快启动。

（5）要特别留意抢劫犯在没戴手套的情况下，所动过的任何东西都要加以保护，以便让警察前来取证。

（6）尽量记住抢劫犯的车辆特征，在其驾车离去时不要往店外跑，以防其开枪。

（7）请求现场目击者留在店中直到警察赶来，然后讲述所看到的一切，获取所有顾客和证人的姓名、地址及电话号码。

（8）查看、清点抢劫犯洗劫过的收银机钱箱或保险柜，确认损失的具体数据，以便向领导或侦察人员汇报。

（9）抢劫事件过后，在没经过本单位领导同意的情况下，不要向新闻媒介提供任何信息。

二、自然灾害事件处理

（一）地震事件处理

1. 地震发生时的处理措施

（1）就近躲避，应选择室内结实、能掩护身体的物体下（旁）；易于形成三角空间的地方；开间小、有支撑的地方；室外开阔、安全的地方。

（2）身体应采取的姿势：伏而待定；蹲下或坐下；尽量蜷曲身体，降低身体重心；抓住桌腿等牢固的物体；保护头颈、眼睛，掩住口鼻。

（3）保持镇静，不要恐慌、奔跑。

（4）不使用电梯、电扶梯，应该走楼梯。

（5）尽可能安抚顾客，避免其因慌张而彼此碰撞，造成伤害。

（6）关闭电源、煤气等。

2. 地震过后的处理措施

（1）立即清点资金及商品损失，以便向领导或调查人员汇报。

（2）如身边有相机，应拍照存证。

（3）清理现场，当损害轻微时，准备立即恢复收银，请顾客安心购物；若损害比较严重时，听从领导安排。

（二）恶劣天气事件处理

1. 认知恶劣天气

恶劣天气一般是指台风、暴雨等能够造成危险和灾害的天气。一般的恶劣天气，由气象部门的预警信号来体现。商场、超市的安全部门应将每天的天气预报填写于公告板上，或在电子显示屏上显示，以提醒顾客防范。

2. 恶劣天气的处理措施

（1）预防准备。

① 将天气预报的告示在商场或超市的出入口、员工通道或食堂等明显位置贴出。

② 检查户外的广告牌、棚架是否牢固，将广告旗帜、气球等全部收起。

③ 检查排水系统是否通畅，有无堵塞。

④ 撤销广场外促销活动的展位，收起供顾客休息的太阳伞。

⑤ 准备好雨伞袋和防滑垫，在暴雨来临时使用。

⑥ 根据商场或超市的地理位置等情况，准备水泵及足够的沙袋等，做好防风、防汛应急预案。

（2）灾情处理。

台风、暴雨等恶劣天气发生时，应做好下列工作：

① 下大到暴雨时，安排专人在店门口分发雨伞袋，铺设防滑垫，将商场或超市的出入口门关闭一半。

② 将商场或超市的窗户全部关闭，以防雨水将商品打湿。

③ 随时检查确认排水系统是否通畅，下水道是否堵塞。

④ 密切注意向低洼处进水的区域，及时将商品和物件移走，以防止水灾造成公司财产损失。

⑤ 必要时马上断电，紧急启动应急电源，保证通道里的应急照明，紧急疏散顾客及员

工，确保他们安全撤出。

（3）灾后处理。

台风、暴雨等恶劣天气过后，应做好下列工作：

① 清理现场，清点财物，检查商品、设备损坏情形，并拍照存证，将损坏情形列册向保险公司请求赔偿。

② 检查事件发生时，各单位及有关人员是否有工作做得不到位的情况。

三、其他应急事件处理

（一）意外事件处理

1. 做好事前预防工作

（1）店内的电线、装修及各种硬件设施、设备均须以安全为基础做规划施工。

（2）员工日常工作中应依规定程序操作，注意自己与顾客的人身安全。

（3）各种设备的使用须注意其安全性。

（4）注意经常清洁地板，不可太滑，不能积水。

（5）指派人员接受急救、包扎及心肺复苏术训练。

（6）和所在地区医院建立特约医疗关系。

2. 意外伤害发生时的处理

（1）有顾客受伤时，视伤者情况，迅速拨打急救电话 120，请派救护车，由商场或超市的人员护送到医院。

（2）救护车没来到之前，先使受伤者平躺，用干净的纱布进行包扎。

（3）如伤者无呼吸或脉搏，则施以心肺复苏术急救。

（4）如属烫伤，则先用冷水冷敷。

（5）如有人不慎触电，在条件方便的情况下设法切断电源，用绝缘材料如木棒等将触电者拨离触电场所；若发现触电者心跳、呼吸停止时，要立即拨打急救电话 120，并马上进行必要的心肺复苏抢救。

（6）如有顾客（多为老人或小孩）在扶手电梯上摔倒或被卡住，需立即关闭电梯电源，查看顾客有无伤害。伤害严重者，迅速拨打急救电话 120；若有小孩被卡住，立即进行处理，必要时可请 110 或 119 工作人员帮助救援。

（7）不论发生上述何种情况，都必须在最短时间内通报值班经理或店长。

3. 做好事后处理工作

（1）以关心负责的态度慰问顾客及其家属。

（2）医疗费应据所附相关单据实报实销。

（3）和解时应附书面和解记录，必要时可委托保险公司或律师协助处理。

（4）若涉及赔偿，应事先了解保险理赔额度，以减少公司损失。

（二）停电事件处理

（1）要保持冷静，不用慌张，不要大喊大叫，迅速将收银抽屉锁好，保护好公司的营业款，不能擅自离开自己的工作岗位。

（2）应迅速上报主管或经理，并及时通知维修部门前来检修，查明停电的原因，以便采取对策。

（3）马上启用自动发电机，保证店内照明和收银区的作业，应使顾客保持原位，防止出现跑账现象。

（4）以客气的语气尽可能地安抚顾客不要慌张，不要乱跑，注意自己的人身及财产安全，同时为停电给顾客带来的不便表示歉意。

（5）停电时收银机无法结算，应该劝阻顾客放弃购物。若对方坚持结账，在请示值班经理后，可在空白纸条填上购买金额，并盖发票章，请顾客下次来店时凭临时收条兑换发票。

（6）要密切注意店内情况，防止各种意外事件的发生。

（三）收银设备故障事件处理

当收银设备出现故障时，如果能离开收银台，应对顾客说："对不起，刷卡机出现了故障，请跟我到其他收银台去刷卡。"然后领顾客去其他收银台去刷卡；如果不能离开，则应对顾客说："对不起，刷卡机出现了故障，请您到别的收银台去刷卡。"收银台设备常见的故障与排除方法主要有以下几种情况。

收银设备故障应急处理

1. 打印机故障与排除方法

（1）打印机不能打印。

① 检查电源是否打开。

② 检查数据线（打印机与电脑主机相连的白色线）是否插好，检查前必须将打印机电源关闭。

③ 检查联机灯，在联机状态下方可打印。

④ 检查打印纸是否用完或是未进纸。

⑤ 检查电脑打印设置是否正确。

首先从"开始"进入设置中的"打印设置"。

查看打印机是否被暂停。

若使用共享打印机，检查与其连接的电脑主机是否开启。

⑥ 均不是以上情况，试试重启打印机（关闭电源后再重新打开）。

（2）不能进纸。

检查纸型调节档的设置是否正确（默认停留在轮带纸档位）。

（3）打印模糊或打印出来的单据没有显现。

① 检查色带是否安装正确或有无脱落。

② 检查厚纸调节设置档是否设置正常。

③ 检查色带是否耗尽，如是，则需及时更换。

2. 电源故障与排除方法

打开主机，无反应。此时可进行如下检查：

（1）检查主机背部的主机电源线两头是否插牢。

（2）检查电源插板上的开关是否打开。

（3）检查 UPS（续电器）的电源是否打开或输出电源上的插头是否插牢。

（4）检查排插总开关是否开启。

（5）检查 UPS 的保险管是否烧坏。

3. UPS 故障与排除方法

UPS 发出蜂鸣声时有以下几种情况：

（1）检查 UPS 电源插头与排插处是否接牢。

（2）检查是否停电。

（3）排插总开关是否关闭。

（4）检查 UPS 的保险线管是否烧坏。

（四）收银员购物的处理

在自己工作的商场或超市中，收银员有权与顾客一样以相同价格购买各种商品，但必须在收银台使用现金或信用卡等方式付款。同时应注意，收银员只能在当天的非上班时间或休假时购物，还应遵守公司有关员工购物的相关规定。公司一般不允许员工穿工作服、戴工牌在本商场或超市购物，也不允许员工将在本商场或超市购买的商品保存在本商场或超市的工作区域。

为了加强对员工购物的管理，员工购物时应遵循以下规则：

（1）收银员无论何时购物，都要在公司指定的收款机上付款。

（2）收银员购物时，如需出具税务发票或收据，必须经过收银主管的同意。

（3）收银员购物后须经收银主管在其当次购物的电脑小票上签字后，方能出门。

（五）收银服务接待中特殊情况及其处理

服务质量对于每个工作岗位都是必需的，尤其对于收银来说更为重要，因为收银员代表了商场或超市的门面。收银工作手册上要求，收银员在服务态度上要主动热情地接待每位顾客。对待众多顾客的顺序应本着先来后到的公平原则，但在遇到抢险、救护等涉及生命安全的紧急情况时，可以采取特殊照顾的政策。此时，应向其他顾客解释清楚并致以诚恳的道歉与感谢。收银服务过程中可能存在几种规律性人为障碍，收银员应学会区别对待，妥善处理，提供相应服务。

1. 身体障碍

（1）接待视觉障碍者（失明、弱视）的服务。从事此类收银业务时，收银员应主动上前帮助，如搀扶引路、安排座位、代送代填单据（或提供花镜）、说明服务程序、逐项提醒等服务。

（2）接待肢体障碍者（含因年龄、体残、疾病、怀孕等原因行动不便或因排队等候可能导致体力不支者）的服务。收银员应提供搀扶引路、安排座位、帮助取送单据等服务，必要时可征求其他顾客同意后优先提供服务。

2. 文化及语言障碍

（1）不同语种的障碍。主要是指外国人因语种不同出现的交流障碍，收银员可用画图、书写阿拉伯数字、手势动作等方法交流。仍不能解决问题时可寻求有该语种交流能力的其他顾客帮助。

（2）聋哑。对聋哑顾客的收银服务可以用书写文字或画图方式进行交流。在不了解手语语义时尽量不要自创动作，以免发生误解。

（3）文盲。对文盲顾客收银可由其他服务员代为填写单据，而后建议该顾客另请与经营单位无关的其他顾客读认，待顾客确认无误后再办理收银手续。

（4）精神及智能障碍。遇到精神病患者、醉酒者、无行为判断能力的低龄儿童可婉言拒绝办理收银手续。

3. 其他障碍

（1）生熟区别。对待经常光顾的顾客只能在寒暄态度上有所亲近，不可表现出特殊照顾。否则，其他正在排队的顾客就会感到被冷落。

（2）身份。在通常情况下，收银服务应遵循平等原则，不关乎顾客的社会身份。但如果其他顾客主动表示愿意照顾某位有社会影响的顾客，收银员也不要表示反对。

（3）长幼区别。从理论上讲，人们都知道保护儿童的道理，但在现实生活中，儿童通常得不到平等礼遇，这在一定程度上对他们造成心理上的伤害。收银员在接待小顾客时，应当学会尊重他们。但对此类尚无完全行为能力的顾客要有所注意，如果消费项目或数额超过常规，应当加以关心，避免出现意外事故。

（4）性别区别。许多服务与社交活动中都有女士优先的习俗，而收银服务不应坚持此项优待，避免其他顾客误以为是在讨好女士。

（六）收银工作中其他情况的处理

（1）开错发票、填错支票的处理。开错发票、填错支票时要诚恳地向顾客道歉，在原票上注明"作废"并补开发票。对持支票的顾客，尽量减少顾客的麻烦，协助顾客重新认真填写。

（2）如果顾客人多，有人催促时，应礼貌地对顾客说："对不起，请稍等。"应让顾客在最短的时间内结完账，并且迅速通过收银台，这是每位收银员的责任。因此，收银区必须随时保持机动性。当收银台前有 5 位以上的顾客等候结账时，必须立刻加开收款机或者安排店内人员帮助收银员做好商品入袋服务，以减少顾客的等候时间。

（3）无零钱找零情况的处理。应找顾客零钱而没有零钱时，应礼貌地问顾客："您有××零钱吗？"如果顾客有，应说"谢谢"；如果顾客没有，要说："对不起，请稍等，我到总台给您兑换零钱"，然后立即去向收银主管兑换零钱。收银员应注意不能私自向其他收银员兑换、暂借或用私人的钱垫付。

（4）当刷卡机不能用时，如果能离开收银台，应对顾客说："对不起，刷卡机出现了故障，请跟我到其他收银台去刷卡"，然后领顾客去其他收银台去刷卡；如果不能离开收银台，则应对顾客说："对不起，刷卡机出现了故障，请您到别的收银台去刷卡。"

（5）当顾客发现随身携带的现金不足以支付所需货款时，应使用敬语安慰顾客，不要使顾客难堪，并建议顾客办理不足支付部分的商品退货。如果已打好结算单，应将其收回，重新为顾客打一份结算单。如果顾客在交款时临时决定退货，应热情、迅速地为顾客办理退款手续。

（6）当发现顾客交的是残币时，应礼貌地对顾客说："对不起，请您换一下。"如果顾客追问原因时，应说："这钱交不上"，然后耐心说明原因。

（7）如果顾客提出批评时，应诚恳地说："我的服务使您不满意，请多包涵。"

（8）如果收银台前没有顾客，收银员不能无所事事，应做好收银台的整理及分内的其他工作，如整理、补充收银台的各项必备用品，整理顾客的临时退货，兑换所需的零钱，擦拭收银台，整理环境，协助商场或超市做好其他工作等。

四、对于应急突发事件处理的日常防范措施

（1）顾客通道或收银作业区内不可放置商品、手推车、空购物篮、空箱盒等，要保持干净顺畅。

（2）顾客通道或收银作业区内如有水或果菜汁，地面会很湿滑，容易摔伤顾客或自己，因此要经常保持清洁。

（3）熟知各种消防器材的名称、性能、使用方法及放置的位置。

（4）在规定的吸烟场所之外不可以吸烟。

（5）危险物品（鞭炮、汽油、炸药等易燃易爆物品）不可带进店内。

（6）经常检查收银及消磁设备所用的电源，要确保安全使用，无隐患。

（7）当应急事件发生时，要按照预先所分配的任务去执行，并且听从店长或上司的命令，冷静行动。

"三包"认知

"三包"是零售商业企业对所售商品实行"包修、包换、包退"的简称，指商品进入消费领域后，卖方对买方所购物品负责而采取的在一定限期内的一种信用保证办法。对不是因用户使用、保管不当，而属于产品质量问题引发的故障提供该项服务。

1. "三包"产品范围

（1）第一批实施"三包"的部分产品共18种：自行车、彩色电视机、黑白电视机、家用录像机、摄像机、收录机、电子琴、家用电冰箱、洗衣机、电风扇、微波炉、吸尘器、家用空调器、吸排油烟机、燃气热水器、缝纫机、钟表、摩托车。

（2）新"三包"规定中明确，实行"三包"的产品目录将由国务院有关部门制定和调整。

（3）随着移动电话、固定电话、微型计算机、家用视听产品等产品的加入，目前，我国共有更多的产品被纳入三包范畴。

（4）进口产品同样适用于新"三包"规定。

（5）未纳入新"三包"规定的产品，出现了质量问题，销售者均应依法负责修理、更换、退货并赔偿顾客由此而受到的损失。

2. "三包"责任范围

消费者购买的产品出现以下情况，有权要求销售者承担"三包"责任。

（1）不具备产品应当具备的使用性能，而事先没有说明的。

（2）不符合明示采用的产品标准要求。

（3）不符合以产品说明、实物样品等方式表明的质量状况。

（4）产品经技术监督行政部门等法定部门检验不合格。

（5）产品修理两次仍不能正常使用。

3. "三包"时间

（1）"7日"规定：产品自售出之日起7日内发生性能故障，消费者可以选择退货、换货或修理。

（2）"15日"规定：产品自售出之日起15日内发生性能故障，消费者可以选择换货或修理。

（3）"三包"有效期规定："三包"有效期自提货之日起计算。在国家发布的第一批实施"三包"的18种商品中，如彩色电视机、手表等的"三包"有效期，整机分别为半年至一年，主要部件为一年至三年。在"三包"有效期内修理两次，仍不能正常使用的产品，消费者可凭修理记录和证明，调换同型号、同规格的产品或按有关规定退货，"三包"有效期应扣除因修理占用和无零配件待修的时间。换货后的"三包"有效期自换货之日起重新计算。

（4）"90日"规定和"30日"规定：在"三包"有效期内，因生产者未供应零配件，自送修之日起超过90日未修好的，修理者应当在修理状况中注明，销售者凭修理者提供的修理记录和证明免费为消费者调换同型号、同规格产品。

（5）"30 日"和"5 年"的规定：修理者应保证修理后的产品能够正常使用 30 日以上，生产者应保证在产品停产后 5 年内继续提供符合技术要求的零配件。

（6）新"三包"规定从 1995 年 8 月 25 日起实施，凡在该日以后购买列入"三包"目录的产品，消费者有权要求销售者、修理者、生产者承担"三包"责任。对 1995 年 8 月 25 日以前购买的产品，只能继续按照 1986 年发布的《部分国产家用电器"三包"规定》执行。

4．"三包"义务

销售者应履行的义务包括以下几点。

（1）不能保证实施"三包"规定的，不得销售目录所列产品。

（2）保持销售产品的质量。

（3）执行进货检查验收制度，不符合法定标识要求的，一律不准销售。

（4）产品出售时，应当开箱检验，正确调试，介绍使用维护事项、"三包"方式及修理单位，提供有效发票和"三包"凭证。

（5）妥善处理消费者的查询、投诉，并提供服务。

修理者应履行的义务包括以下几点。

（1）承担修理服务业务。

（2）维护销售者、生产者的信誉，不得使用与产品技术要求不符的元器件和零配件。认真记录故障及修理后产品质量状况，保证修理后的产品能够正常使用 30 日以上。

（3）保证修理费用和修理配件全部用于修理。接受销售者、生产者的监督和检查。

（4）承担因自身修理失误造成的责任和损失。

（5）接受消费者有关产品修理质量的查询。

生产者应履行的义务包括以下几点。

（1）明确"三包"方式。生产者自行设置或者指定修理单位的，必须随产品向消费者提供"三包"凭证、修理单位的名单、地址、联系电话等。

（2）向负责修理的销售者、修理者提供修理技术资料、合格的修理配件，负责培训，提供修理费用。保证在产品停产后 5 年内继续提供符合技术要求的零配件。

（3）妥善处理消费者直接或者间接的查询，并提供服务。

属下列情况之一者，不实行"三包"，但是可以实行收费修理：

（1）消费者因使用、维护、保管不当造成损坏的。

（2）非承担"三包"修理者拆动造成损坏的。

（3）无"三包"凭证及有效发票的。

（4）"三包"凭证型号与修理产品型号不符或者涂改的。

（5）因不可抗拒力造成损坏的。

最后,提醒广大消费者,在"三包"有效期内,消费者依法办理修理、换货、退货时,要以购货发票及"三包"凭证作为依据。因此,在购买产品时,一是要求销售者出具发票,检查是否附有"三包"凭证;二是办理修理、换货、退货时,要带上"三包"凭证和有效发票;三是在日常生活中要妥善保管好上述证明。

对于已经使用过的产品,符合"三包"规定换货条件,而消费者不愿调换同型号、同规格产品而要求退货的,销售者应予以退货,但要向消费者收取折旧费。

折旧费＝折旧率(每日)×产品使用日期(日)×产品价格,折旧率可查阅实施"三包"的部分商品目录中所做的规定。

产品使用日期应当自购买产品开具发票之日起至退货之日止,扣除修理占用时间和无零配件等待维修的时间。

项目精要

通过本项目的学习,学生能够掌握退/换货业务操作流程,了解退/换货的含义和分类,以及相关的法律规定,熟悉对于实际可能发生的应急事件,能够有针对性地对应急事件进行有效的处理。进一步提升收银员的防范风险意识、责任意识,对于规范收银员行为,维护日常经营,维护商场、超市的声誉具有积极的作用。

任务训练

任务训练一　思考题

1. 请回答退/换货的含义及其分类。
2. 简述常用的灭火方法。
3. 描述退/换货业务操作流程。

任务训练二　案例分析题

【任务资料】李华周六在家休息,想到新消费者权益保护法已经出台,于是马上浏览了相关网站。她在某网站上看到有卖家在店内声明:"本店非七天无理由退货店铺,非质量问题不退换。如果您费尽心思、绞尽脑汁想找点理由退货或者只是想试试衣服,请绕道。"看到此声明,李华提出了疑问,这类商铺是否将买家"后悔权"强制剥夺?

【任务要求】请替李华思考一下,这类商铺的做法是否正确?请简要说明理由。

上岗一试

【任务资料1及要求】请到附近的商场或超市实地观察,学习如何进行退/换货业务的处理。这些商场或超市退/换货的标准是什么?模拟实践,结合所学的知识模拟办理退/换货业务,写一份调查报告。

【任务资料 2 及要求】

顾客建强在超市的熟食区购买了一根香肠，在就餐过程中，发现其中有个杂物，建强找到熟食区，针对这个杂物提出质疑，如果自己感染上疾病怎么办？特要求给予其赔偿。模拟超市责任人对这种情况进行处理。

【任务资料 3 及要求】

顾客佳丽在超市果蔬区购买苹果，付账后发现标签上显示的是草莓的价格，佳丽要求退回差价，针对此种情况，请结合相关知识进行处理。

参 考 文 献

[1] 李迅. 出纳实务. 北京：人民邮电出版社，2017.

[2] 谢小春. 财经基本技能与出纳实务. 北京：人民邮电出版社，2015.

[3] 杨印山. 会计基本技能（第2版）. 北京：中国人民大学出版社，2014.

[4] 施海丽. 出纳实务. 北京：中国金融出版社，2013.

[5] ATEP（全国会计实务职业培训促进就业工程）项目组. 出纳实操. 北京：清华大学出版社，2013.

[6] 离启庶，张建强. 会计基本技能. 北京：中国财政经济出版社，2013.

[7] 范翠玲，李岚. 财务会计综合模拟实训教程. 北京：机械工业出版社，2012.

[8] 王颖，张道军. 新编会计岗位实操. 广东：中山大学出版社，2012.

[9] 迟荣，邵亮等. 珠算与点钞技术. 北京：化学工业出版社，2012.

[10] 沈宝燕. 新编出纳员岗位实训. 北京：高等教育出版社，2011.

反侵权盗版声明

电子工业出版社依法对本作品享有专有出版权。任何未经权利人书面许可，复制、销售或通过信息网络传播本作品的行为，歪曲、篡改、剽窃本作品的行为，均违反《中华人民共和国著作权法》，其行为人应承担相应的民事责任和行政责任，构成犯罪的，将被依法追究刑事责任。

为了维护市场秩序，保护权利人的合法权益，我社将依法查处和打击侵权盗版的单位和个人。欢迎社会各界人士积极举报侵权盗版行为，本社将奖励举报有功人员，并保证举报人的信息不被泄露。

举报电话：（010）88254396；（010）88258888

传　　真：（010）88254397

E-mail:　　dbqq@phei.com.cn

通信地址：北京市海淀区万寿路 173 信箱

　　　　　电子工业出版社总编办公室

邮　　编：100036